U0077107

内山喜久雄監修

学習障害

高野清純著

學習障礙

內山喜久雄　監修 ❧ 高野清純　著

柯平順　校閱 ❧ 陳瑞郎　譯

譯者簡介

陳瑞郎

＊一九三三年生・台灣屏東縣人

＊屏東師範學校普通科畢業

＊曾任小學教師、主任、校長 合計四十五年

＊一九九七年 退休

原作者序

　　現在的學校簇生各式各樣的問題，以所謂的低成就者為開端。由於學習是學校裡最主要的目的之一，對於兒童／學生、家長、教師的任何一人，可以說無不是深刻問題。況且，學習上的問題並非僅止於知識或技能（skill）的學習不順利而已，甚至成為扭曲孩童的感情或社會性的原因。因此，自有不能不嚴肅而認真的提出的緣由。再說，學習上的問題足以影響孩童的人格發展，同時感情、態度、社會性的扭曲失常，也會引起學習上的問題。這種錯綜複雜、糾纏不清的情形，可以說是非常棘手的問題。

　　就算一口說，是有關學習的問題，但它卻包含著各種各樣的事情。既有低成就的，也有學業不振的、發展遲滯的。其中，被稱做學習障礙的問題，不是僅止於心理學上、教育學上的問題而已。在生理學上，特別是被認為附帶著中樞神經系統的輕微障礙時，更使問題的困難度倍增。

研究學習障礙的歷史很悠久，據說可追溯到 1878 年，布路卡（Broca, P.）發現喪失語言機能的患者，其左前頭葉上有損傷之時。針對這個障礙，威爾尼克（Wernicke, C.）在 1908 年把它命名為布路卡失語症。其後，直到 1930 年左右，主要是從腦部損傷的關係上，探討學習或行為上的問題。進入 1930 年代之後，有關中樞神經系統的科學研究漸能應用到孩童的臨床個案上。同時，開始摸索應用它在心理學上、教育學上，改善問題的方法和途徑。其代表性的先驅，名為史特勞斯（Strauss, A. A.）。

　　經過了直到 1960 年前後的過渡期，終於有人對於史特勞斯的觀點，提出了疑問。在同一時期，學習障礙兒所顯示的各種症狀取代了腦部損傷，隨著被稱做史特勞斯症候群。甚至還冠上神經障礙、知覺障礙、輕微腦機能障礙等等名稱。

　　如此地到了 1963 年，學習障礙（learning disability）這一名詞，才在凱克（Kirk, S. A.）筆下誕生。再到 1980 年，才看到有關學習障礙的立法，學術研究團體的創立，終於達到建立獨自的學問領域的境界。

　　進入 1980 年代，有關學習障礙的研究更蓬勃，新的觀點、新的對待方式，層出不窮，直到現在。譬如，1985 年以後，有關兒童／學生的研究論文或著作，概略計算一下，每年刊出 150 篇以上。跟它比較下，在我國雖然非常關心教育問題，可是這方面的研究似

乎太少了。況且，從學習障礙兒的教育中，似能發現教育的原點。因此，極為期待今後的研究，能夠更加旺盛。

本書依據有關學習障礙近年來的動向，掌握較為廣義的學習障礙，藉此提供有關學習障礙的理解和處理或對待方式的概要。理由在於到目前為止，關於學習障礙的概念尚未有明確的定論。若從教學上的各科領域，舉出其特徵及處理上的留意事項，自然是更加有意義，但限於篇幅不得不割愛。無論如何，如果對於參與學習障礙的各位，或今後將加入的諸位，或家長們能提供一些參考，確為望外之喜。同時，若能獲得各位的批評、教示，幸甚幸甚！

若無黎明書房編輯長武馬久仁裕氏的鼓勵，說不定本書迄今尚未問世。雖在最後，但謹記此事，同時特別向黎明書房社長高田利彥氏和編輯部的諸位，表示深深的謝意。

平成元年7月

高野清純

譯者序

民國83年，朋友從日本歸國，知道我喜歡閱讀，送我一本書——學習障礙。據說，在日本非常暢銷，尤其在學術界獲得相當高的評價。這是我第一次接觸到有關學習障礙方面，最有系統、最完整的書籍。閱讀之後，深覺值得介紹給同仁們參考，可是疏懶成性的我，卻拖拖拉拉的一直沒著手。

民國84年，北市教育局指定本校辦理資源班——學習障礙學童的補救教育，接受台北市立師範學院這方面的輔導。由此因緣，認識了學習障礙等特殊教育方面的專家——柯平順教授，也因此而有這本翻譯的出刊。

初此見面，交談之下，彼此都感觸我國在學習障礙方面的書籍甚少，尤其是可供教師參考的中文書籍。我便提出這本書，把各章節的篇目說明一下，柯教授也認為值得介紹給大家參考，建議我把它翻譯出來，同時答應無條件幫我校閱，並介紹出版社出書。

有此強力的靠山在背後支撐，又有兩大利多的情

形下，自然驅逐懶蟲，認真的著手翻譯，何況學校裡的確也需要這方面的參考資料。

　　兩百頁不到的，薄薄的一本書，竟用了將近一年的時間才譯完。原先計劃每天譯個三、四頁，最多用個三個月，不難大功告成。誰知，雖然早已翻閱多遍，但真正拿起筆時，每天幾乎停頓在一頁半頁中。高野先生的文字簡潔深奧，轉折之際，真難於傳真，自然勞神費時，再加上能利用的時間有限，進度隨著緩慢。不過，慢雖慢，總算熬出來了，只是熬得好還是不好，恐怕要請各位看官評審，只是我真的盡力了。如果內容好，那是高野先生學問廣博所致；假如謬誤少，甚至沒有，那是柯教授細心校閱的成績；反之，若是文字不夠順暢，真是譯者學疏之過，祈諒之。

　　現在簡介原作者高野清純先生。

1954 年，自東京教育大學教育學部心理學科畢業。

1961 年，自東京教育大學院博士課程中途輟學。

1961 年，擔任三重大學助教。

1966 年，擔任東京教育大學講師、副教授、教授。

1975 年，轉任筑波大學教授，直至現在。

　　著作有：

愛他心的發展心理學　　　　（有斐閣出版）

新穎的遊戲療法

遊戲療法　　　　　　　　　（日本文化科學社出版）

屬性療法

學校教育諮商實踐叢書 全六卷 ┐
欺負心理學
無氣力 ├（教育出版社出版）
個性的發展與教育 ┘
神經症習癖兒(情緒障礙兒講座②) ┐
學習障礙 ├（黎明書房出版）

　　從上面的著作，不難了解高野先生真正是著作等
身，如今有機會介紹他的著作，真是譯者的榮幸。記
得心理出版社許小姐跟高野先生接洽版權和翻譯等問
題時，高野先生首先提的問題正是譯者是誰？傳真來
去之間，我也不免俗的自我吹噓一番，才獲得首肯。

　　民國86年，這本名為「學習障礙」的書將要出版
之際，我衷心感謝幾位小姐、先生。非常感謝柯教
授，在他百忙當中仍抽空詳細校閱本書，修訂不少謬
誤之處，並介紹心理出版社刊行本書，實踐了當初的
諾言。也感謝心理出版社許麗玉小姐，使這本書能與
讀者見面。還有心理出版社編輯部總編輯吳道愉先
生、編輯陳文玲小姐，以及編輯部的諸位小姐、先
生，真謝謝您們，大家辛苦了。

　　最後借用原作者的一句話：「如果對於參與學習
障礙的各位，今後將加入的諸位，或家長們能提供一
些參考，確為望外之喜。」做為結束。敬請不吝賜教。

民國86年4月

陳瑞郎謹誌

目　録

第一章

何謂學習障礙

某些學習障礙兒的情形

1.小明的事例

五歲前後的小明，是可愛活潑的孩子。不過，三歲時喪失雙親，在養護機構度過兩年的小明，由於遭受嚴重外傷引起強烈的恐怖感，表情就像驚嚇過度畏縮的動物。

五歲時，某個家庭收養小明做養子，經過數個月，似乎漸漸適應了家庭的生活。養父、養母視他若己出，注入親生般的情愛。當家庭生活穩定後，小明能輕鬆的參與各種活動，有時甚至成為活動的領導者。

但是，從小學二年級開始，級任教師漸漸發現他在學習上有問題，成為養父母擔心的事，可是在家裡，有關學習方面卻無令人費神的問題。因此，雙親認為是否情緒上的不當反應所致，因而向某大學的教育諮商室請求協助。檢查結果發現似乎有知覺運動性的問題與神經學上機能障礙的症候。

為著克服這種障礙條件（handicap），養父母盡其所能遍試各種方法。請家庭教師來輔助，長達六年之久，可是仍舊無法跟上其他孩子。教師在行為評語欄上所記評語不

外是未成熟、衝動性、注意散漫等等。上了國中後，漸漸強烈的自覺自己無法學習一事，這種自信心的喪失卻增強了欲求不滿，提高了攻擊傾向。他對任何人都惡言相加，有時揮動暴力。不久以後，偷竊、打架、吸食強力膠等非法行為一一出現，變成不良少年。

2.小花的事例

小花的雙親，長久以來都沒察覺小花在學習上有障礙。小花在嬰兒時期，吸奶就有些困難，不易順暢吸奶；一歲過後開始學說話，可是說的卻是誰也無法聽懂的話，為此自己常常發脾氣。幼稚園的教師，說她是未成熟，小學一年級的教師，給予的評語是注意散漫，而後來的教師，甚至給她貼上厭惡閱讀，或者情緒障礙等種種標籤。

為著改善這個問題，雙親求助於兒童諮商室，以及各種的諮商機構，可是：

- 有的醫院診斷為視覺障礙，小花因而接受數年的視覺訓練。
- 別的醫療機構又把小花診斷為神經學上的障礙，接受運動機能的訓練。
- 有的認為是情緒障礙，雙親和小花都接受心理療法。
- 有一時期，被視為一種聽覺障礙，接受強力的聽覺訓練。

在種種治療或訓練的折騰下，小花的學習問題仍無法改善，只是使小花一日更甚一日地喪失了自信心。

學習障礙的特徵

像小明、小花這樣的孩子，稱之為學習障礙（learning disability）兒。據研究，這類孩子似乎有年年增加的趨勢。從圖一可清楚看出，開始提出問題的 1970 年代後半，只占全體兒童/學生的 1.89%而已，但經過六年後急遽增到 4.63%。

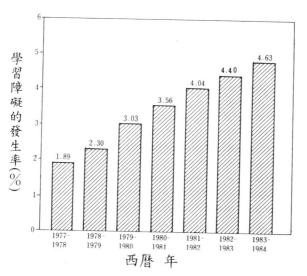

圖 1　學習障礙兒數的推估數（Lerner, J. W., 1985）

在日本尚無這方面的統計，所以比率還不清楚。可是，據推測，恐怕也以類似這樣的比例出現。特別是他們當中有相當多的部分，被當成落伍者或跟不上者看待。

被冠上如此稱呼的孩子，除學習成果無法提昇，學業成績不佳等問題外，還有衝動性、未成熟、注意散漫、頑固、過多活動、情緒上不安寧等等，各式各樣的特徵。例如柯勒梅茲（Clements, S. D., 1966）綜覽有關學習障礙兒的文獻，將其特徵，綜合爲下列各項：

①過度活動（hyperactivity）

②知覺—動作障礙（perceptual-motor impairments）

③情緒不穩定（emotional instability）

④一般協調缺陷（general coordination defects）

⑤注意缺陷（disorders of attention）

⑥衝動性（impulsivity）

⑦記憶／思考障礙（disorders of memory and thinking）

⑧特殊學習障礙（specific learning disabilities）

⑨說話與聽覺障礙（disorders of speech and hearing）

⑩不明確的神經學徵候與不規則的腦波（equivocal neurological signs and encephalographic irregularities）

綜合上述特徵，將會產生種種問題行爲。目前爲止，出現在報告上的主要問題行爲，如下所介紹：

①視像顚倒症（strephosymbolia）：文字或單語或數字寫成顚倒，亦即寫鏡體字。

②左右識別錯誤

③單邊優勢（laterality）障礙：無法確立左撇子或右撇子

④不靈巧

⑤寫字判讀困難

⑥音調障礙

⑦省略音或贅加音

⑧抽象機能障礙

不過，那項特徵或行為問題，才是學習障礙真正的成因，到目前尚無法確定。其原因係由於學習障礙的定義在研究者之間，尚未有共同一致的觀點。因此，學習障礙的名稱一直有種種說法，亦即，許多研究者所採取的語詞都不相同。以下這些語詞都有研究者使用。

- 腦部損傷（brain injured）
- 閱讀障礙（dyslexia）
- 教育障礙（educationally handicapped）
- 過度活動（hyperactive）
- 多動症候群（hyperkinetic behavior syndrome）
- 語言障礙（language disordered）
- 學習困難（learning disordered）
- 輕微腦損傷（minimal brain damaged）
- 輕微腦功能障礙（minimal cerebral dysfunctioned）
- 學習困難者（problem learner）
- 閱讀困難者（problem reader）

- 心理語言障礙（psycholinguistic disability）
- 神經心理障礙（psychoneurological disorder）
- 學習遲緩（slow learner）
- 史特勞斯症候群（Strauss syndrome）（Strauss, 1943）
- 低成就者（underachiever）等等

然而，像上面所舉的特徵或障礙，即使在沒有學習障礙的人當中，同樣會發現。跟其他人相比較時，學習障礙者的特徵是顯著的學業低成就，這種特徵，可以說是規範學習障礙的主要概括性基準。可是，何種程度的學業低成就才可以稱之為學習障礙，及如何測量它才確實，全都是艱難的問題。

---------- 第三節 ----------

學習障礙的定義

學習障礙一詞，到1960年代初期漸漸取代上述各種名詞。促使學習障礙一詞普遍化的，應該歸功於柯力刻相克（Cruickshank, W., 1961）與柯克（Kirk, S. A., 1962）兩人。其後到 1963 年，學習障礙兒協會（Association for Children with Learning Disabilities, ACLD）創設後，才告確定。

自此以後，圍繞著學習障礙定義的爭論就沒停止過，直到 1968 年聯邦諮詢委員會所提有關學習障礙的定義，經

過少許修訂，終成爲學習障礙兒童教育法案（1975），獲得美國政府法定地位。

　　現在就各方面所訂學習障礙的定義，簡述如下。

1.美國聯邦學障諮詢委員會的定義

　　美國聯邦學障諮詢委員會（National Advisory Commitee on Handicapped Children）對學習障礙，下了如此的定義（U. S. Office of Education, 1977）：

　　「所謂學習障礙，正如聽、思考、說、讀、寫、作文等能力的欠缺所示，意味著有關語言的理解與使用在基本心理歷程有缺損。它包含著知覺障礙、腦部損傷、輕微腦機能障礙、閱讀障礙、發展性失語症等狀態。至於由視覺、聽覺、運動的障礙，精神遲滯，情緒障礙，與環境、文化、經濟等不利的結果所產生的學習問題，應該排除於外。」

　　這項法案在其他地方，又引申爲如下的操作性定義：

①既使已準備了充足的學習經驗，在若干領域上仍達不到同年齡或者其能力的水準。

②在語言表現、語意的理解、表達、基本閱讀能力、領悟力、計算、數學的推理等各領域的某些領域上，智能與學習成績之間，存在著顯著的差異。

　　依據上述的定義，它包含著如下的主要概念：

①基本心理歷程上有若干障礙，這些歷程好比記憶、聽

覺、視覺、說話等，由內在的、不可或缺的能力所組
成。

②有關聽、說、讀、寫、計算、推理的學習上有困難。

③這些問題並非由視覺、聽覺、運動機能、智能、情緒
等障礙或環境不利原因所引起。

④學習上的潛在能力與學業成績之間，有極大的差異。

2.美國聯邦學障聯合委員會的定義

除去上述定義外，仍有其他有力的定義，如聯邦學障
聯合委員會（National Joint Committee on Learning Disabili-
ties, NJCLD）在 1981 年所提議的。這個委員會是美國各地
有關學習障礙的七個團體的代表們所組成。NJCLD的定義
如下（Hammill, et al., 1981）：

「所謂學習障礙是指在聽、說、讀、寫、推理的能力
及數學能力的學習或應用上，顯示明顯困難之異質性問題
群的綜合性名詞。這類障礙是因內在的因素，據推測可能
源自中樞神經系統的機能障礙而產生。

學習障礙雖與其他不利條件（handicap）（例如，感覺
損傷、精神遲滯、社會情緒障礙等）或環境的影響（例如：
文化差異、不當教育、心理語言因素等）併同發生，但它
並非此不利條件或環境影響之直接結果。」

這個定義，涵括著以下四項重要概念：

①學習障礙是異質性的障礙群。

②學習障礙是個體內在因素。

③學習障礙跟中樞神經系統有關連。

④學習障礙會跟某些不利條件一併發生。

3.美國精神醫學會的定義

美國精神醫學會認為，學習障礙就是注意力缺陷障礙（attention deficit disorders, ADD）（American Psychiatric Association, 1980）。所謂注意力缺陷障礙，是指注意力低；醫師常將其當做有關學習障礙的診斷性症候使用。

4.日本學界的定義

學習障礙問題深受世界各國關注與討論，各國對學習障礙的定義大同小異。日本對其定義為：

「智能正常、感覺器官與運動機能無障礙，環境也無問題。視覺與聽覺等知覺，似能看出障礙，注意範圍狹窄，持續性短暫，既過度敏感又缺穩重。因此在認知學習上，如讀、寫、計算等無法順利進行。推測是由於腦部機能有輕微障礙所引起。」（教育心理學辭典，1986）

5.綜合結論

檢討上述各項學習障礙定義，綜合各家意見，結論有

如下三點；其中第三點所列學習障礙共同要素，一併介紹。

①學習障礙所確立的研究分野已構成，並受到廣泛的接納及認識。世界各國許多專門領域學者或機關，都確認「學習障礙」一詞。

②關於學習障礙，並無完全一致定義存在。學習障礙特徵，隨個人而有很大的差異。改善學習障礙問題的方法，也是多式樣的。有的研究者暗示，學習障礙可區分為若干種類型，有必要給予不同定義（Lerner, 1985）。這種不同的定義，可隨專門領域、年齡、障礙的程度等不同需要而訂定。

③這些定義，共有的要素如下：

- 神經學上的機能障礙
- 不均衡的成長
- 低成就水準
- 潛在能力與成就水準之間顯著差異
- 排除其他的原因

茲就上舉各要素，分別說明如下：

(1)神經學上機能障礙（neurological dysfunction）

大部分的定義，皆談及不定型的腦機能障礙。一切學習皆由大腦進行，這種推論應該說是理所當然。想要確認這種神經學上的狀態，由目前醫學上的檢查，似乎是不可能的。因此，這種中樞神經系統的機能障礙，只不過是依

據觀察資料而推論的結果。近年來，支持這種推論的大腦生理學研究報告逐漸增多。目前關於學習障礙，大多是由教師從學生的行為表現及教育方面參與；不過，醫學也漸漸開始盡其重要的職責，在診斷和治療方面達成積極任務。同樣地，今後醫學的繼續關心和參與，必然是極其重要的。

(2)不均衡的成長

　　智能，不僅僅表面存在的那麼多而已，它是眾多精神能力（潛能）的綜合體。通常學習障礙者這種能力並非以均衡的方式同步發展。換言之，有的能力正常地逐漸成熟，但有的能力卻遲滯不前。由於此種情形，才被認為有學習的問題存在。這種不均衡的發展，有人稱之為發展不均衡（developmental imbalance）（Gallagher, 1966）；有的稱做內在差異（intra-individual differences）（Kirk & Kirk, 1971）。

　　這種不均衡成長概念，已成為學習障礙的診斷或處理基礎。此觀念運用在教導學習障礙兒時，它常會引起關於學習障礙資訊有用性的爭論。

(3)低成就水準

　　學習障礙兒在學習上所顯示的問題是，聽、說、讀、寫、計算、數學推理等能力缺陷。因學習障礙影響而出現的學習問題，是多樣化的。因此，身負輔導責任的教師或專家之間，總會有些爭議。譬如，焦點放在閱讀困難，自應由教育專家負責治療，但若集中焦點於語言障礙上，則

該接受語言治療師指導。

(4)潛在能力與成就水準之間的差異

　　學習障礙在潛在能力與學習表現，兩者之間分歧不一致，是眾所公認的現象。這一點，在操作定義上，特別顯得重要。在學習障礙定義上，有關成就此因素，正與低成就（underachiever）相重複。但是，低成就除去學習問題以外，還牽連著許多因素，例如欠缺意願、指導方法問題、情緒問題等等。因此，僅僅以低成就為基準，用來規範學習障礙是不充分的。

　　決定學習潛能與成就水準之間的差異，尚有重要的三個問題。

a. 何謂學習潛能

　　若想判斷所說的潛能（potentiality, capacity），一般都使用智力測驗。對於智力測驗的種種批評中，最重要的批評為究竟能否測出真正的智力。因此，是否能有效的測出學習潛能，便成為有待解決的問題。

b. 何謂成就水準

　　使用於測量成就水準的測驗，也有不少的問題。譬如，多數的閱讀能力測驗，不只效度、信度有問題，連標準化都成問題（Farr, 1969）。學力測驗也有問題（Salvia & Ysseldyke, 1981）。

c. 潛能與成就水準間，差異達到何種程度才成為問題

　　關於這個問題，重要的是「顯著差異」。二年級學生

落後一年差異，比六年級學生同樣落後一年的差異要大許多。因此，所謂「顯著差異」，究竟用一學年或二學年的差異來決定呢，還是用比例或其他統計上的測度才好，便成為爭議的問題。考慮這些問題，決定「顯著差異」之際，務必先要慎重的檢討它所衍生的問題：由量測定的差異，與臨床觀察的結果，是否一致？

(5)排除其他原因

就實際情境而言，要排除其他原因的確很困難。將障礙兒原來的障礙與學習障礙合併在一起是件正常的事，因明確劃分那一項是原生的，那一項是衍生的並不容易。把這種條件包含於定義中，是想把學習障礙設定於特別範圍內。

學習障礙的定義，有時會包容異質性的症候或特徵的集合。由於此事，有研究者想把學習障礙分類。柯克（Kirk & Chalfant, 1984）等，把它分成發展性學習障礙（developmental learning disabilities）與學業性學習障礙（academic learning disabilities）兩種類型。前者是指學科學習基礎之技能（如：注意力、記憶力、知覺、思考力、說話能力）方面有缺陷的兒童／學生而言；後者是指跟學業（如：國語、數學等）方面有關的學習障礙。

馬肯尼（McKinney, 1984）應用群集（cluster）分析，發現四種類型。

Ｉ型，約有33％的學習障礙者屬於這一型，在智力測

驗（WISC-R）上，語言能力普通，但讀書與數學成就偏低。男生約占其中66％。

II型，約占10％，一般知識、數學、繪畫配列的各問題上成績稍低，學業成績非常差。教師的評語是欠缺思考力，常有攻擊行為，學習意願低落。

III型，約占47％，其中約有93％是男生。概念問題的成績尚佳，但學業成績稍差，學習意願低，個性較外向。

IV型，約占10％，學業成績稍差，有關時間、空間問題的成績很差，不過語言能力在平均的水準。

像這樣對學習障礙分類的研究，可使定義明確，對於找出更理想的教育或處理的方法，必定有其貢獻。

─────────── 第四節 ───────────

學習障礙與年齡

當初提出學習障礙的時候，是以改善小學生的學習為對象。不過，漸漸發現學習障礙在所有年齡階段都會產生的事實，而且也注意到，隨著年齡的不同，所呈現的型態也不一樣。換言之，年齡不同，所要求的能力或技術就有所差異。

1.就學前期的學習障礙

　　一般而言，對幼稚園的幼童，都不會貼上學習障礙的標籤。雖然極想預測幼兒期的發展，可是對於幼兒的診斷並不容易。因此，被推測爲有問題的幼兒，稱之爲高危險性幼童（high-risk children）。對於這樣的幼童，適當的對待或教育，多數是很容易收到效果的。

　　幼兒的學習障礙，可從運動，語言，認知的、概念的發展上加以界定。譬如，抱球、單腳跳、跳躍、操作玩具等遊戲上，以不會玩或動作笨拙的姿態，表露出來。四歲的學習障礙兒，不善使用言詞傳達消息，語彙不多，或者不易理解別人話意。五歲兒表現數數不到 10，不會猜謎（puzzle），無法辨認色彩名稱等等特徵。

2.兒童期的學習障礙

　　多數的場合，學習障礙是在入學以後，隨著學業成績不佳逐漸表面化。在低年級，從書唸不好一事，最容易辨認出來，也有數學的成績始終無法提高的情形。在行爲方面，主要從注意力散漫、運動技能發展遲緩（如拿筆不靈巧、寫字不佳等）各方面的表現可察知。

　　到了高年級，隨著學習內容愈來愈難，甚至連社會科、自然科等，學業低成就也隨著擴大。低成就如果繼續若干

年，便產生情緒上的問題。如此一來，兒童也意識到自已成績的低落和不佳。

3.青年期的學習障礙

成為國民中學學生，學校起了巨大的變化，學習障礙成為更深一層的嚴重問題。學校或教師的要求，學生自身的煩惱，成績繼續低落等問題相互糾結，惡化學習障礙，同時學生的升學問題急待解決。這種狀況促成學生走上違法行為的路途。

這個年齡，有感受性非常強烈的傾向，情緒上的、社會性的問題，或自我概念等問題，很容易和學習障礙並存。正如上述，青年期正處在所謂危機的狀態，因此，為學習障礙學生設置資源教室，是刻不容緩的事。

4.成人的學習障礙

成人的學業低成就，從來無人提及，認為那是兒童特有的問題。自然學習障礙隨著成為社會人士，有不少部分被克服，或者減輕了它的程度。譬如，發明家愛迪生，原是異常的，腦子不清，據說有智力上的缺陷。他在日記上回憶著自己無法升級，在班上經常是排名在後面。他父親認為他的智力很低，而他自己也這麼相信（Lerner, 1985）。

美國聯邦第二十八任總統威爾遜，到九歲還不會寫字，

十一歲時還唸不成句（Thompson, 1971）。一代數學天才
愛因斯坦，到三歲還不會說話，七歲還不會造句。在人家
面前說話，務必先在嘴裡說一遍，才能說出來；學業成績
很差，毫無數學的才能，特別是外國語最差（Patten,
1973）。

　　這些著名人物，幸運地找出適切的學習方法，成功的
挽救了孩童時代的失敗，獲得了成功。不過，也有不少場
合，到了成人後還殘留著孩童時代學習障礙的痕跡。閱讀
困難正與社會性的問題同樣地制約著職業，甚至連交朋友、
維持友誼也受到妨害。

─────────── 第五節 ───────────
研究學習障礙有關的學術領域

　　學習障礙的研究，有五類學術領域提供了貢獻（見下
頁，圖 2）。亦即心理學、教育學、語言學、醫學，再加
其他關心並參與學習障礙研究的科學，擔負起研究進步的
一端。如同圖 2 所示，這許多科學共同構成學習障礙研究
的體系。換言之，學習障礙可以說是最典型的科際研究的
對象。

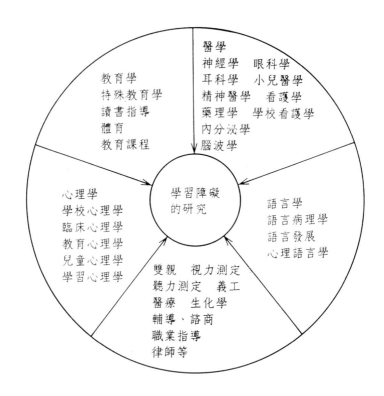

圖 2　學習障礙研究有關的學術領域（Lerner, J. W., 1985 ）

1.教育學的任務

　　教師是直接從事兒童／學生的教學工作，可知教育學的貢獻最為實際。據柯克（Kirk, S. A., 1983）等人的研究，多數的教育在醫學介入陷入僵局時開始加入。級任教師、特殊班教師、語言治療師等等，直接面對學習障礙，既要

參與又要輔導。教師對於有關教學內容的提示順序，或教材、教學法等知識，對於有關各科領域間關係的理解等都能提示專門的見解。學習障礙一詞，是強調學習情況遠大於障礙的原因，此正暗示著在學習障礙的研究上，教育學所發揮的功能。

2.心理學的任務

心理學者，尤其是兒童心理學家、學習心理學家（美國稱為學校心理學家），一直在盡重要的任務。心理學上的知識見解，著力於說明學習障礙的精神力學層面。學校心理學家觀察兒童／學生的行為，施予測驗、給予評鑑等，直接參與學習障礙的問題。關心一般兒童發展過程的兒童心理學者，提供了非典型性兒童的概念基礎。學習心理學者，特別是以行為主義立場進行教科內容的分析，應指導的課題及所期待的行為，予以明確化等，在學習障礙研究上極有貢獻。同時，對於學習障礙的改善或訓練，提供了強化理論、工具制約、行為改變等具體的方法。

3.語言治療教育的任務

語言障礙或語言發展的領域，語言學、心理語言學等，早就發覺它和學習障礙有所重複。語言障礙的研究者，著手語言障礙的評鑑、訓練方法等有關的研究；語言學（linguistics）研究語言的性質、構造；心理語言學（psycholin-guistics）研究思考或學習過程與語言發展的關係。這些形成學習障礙的知識基礎。由心理語言學最近的研究喚起對於語言學習問題的關心，在理解學習障礙上有重要的貢獻。

　　簡單說，有關一般兒童如何學習語言的知識，在學習障礙兒的語言能力診斷或指導上，的確是很重要的。相反地，研究語言上有障礙的兒童，同樣可以促進有關正常語言學習上的理解。

4.醫學的任務

　　對學習障礙有貢獻的醫學領域，可舉出小兒科、神經學科、耳科、精神科、藥理學、內分泌學、腦波學、看護學、養護學等。醫學是原因取向，經常在追究病因，說明為害健康的要因。因此，把學習障礙看做病理學上的狀態，謀求說明其原因。

5.其他研究領域的任務

　　學習障礙的研究，其他許多研究領域也扮演著重要的角色。視力檢查，使關於視覺機能方面有很大的進步。聽力檢查，對聽覺或其訓練有相當的貢獻。社會工作者、職能訓練師、升學輔導教師等，對於學習障礙的研究無不助予一臂之力，盡了一份心力。至於遺傳學、生化學的研究，

同樣提供了重要的知識和見解。

　　最後要提到在這種科際性的研究領域上，提供極其重要的貢獻者──雙親，這是任誰也無法忽視的。雙親在漫長的歲月裡，觀察自己的孩子，試著去理解他。雙親的這種心力和援助，對支持學習障礙兒，增進學習障礙的理解等方面，可說有莫大的功勞。

　　正如上述，許多研究領域都對學習障礙的理解與訓練極有貢獻，但即使有這些貢獻，倘若缺乏一個扮演統合這些知識見解的第三者，必然無法解決所謂學習障礙研究上科際性的問題。擔任這項任務的，應該稱之爲學習障礙治療教師。歐美各國，存在著這種專家。課之於學習障礙治療教師的工作，主要是聯合各科際研究者，組織一個共同進行研究的合作性質的科際團體。他們雖然無法成爲對學習障礙有貢獻的、綜合性學問領域的專家，但應接受包含各種專門領域的基本概念或課題在內的，強力的科際訓練。經由這個訓練而具備做爲一名協助者或協調者（coordinator）應有的條件。

　　如果不如此試著調和，各個領域的研究者各從獨自的立場看待學習障礙，恐怕只說明全體中的一部分而已。有時，甚至有導向錯誤理解的危險。學習障礙治療師的重要課題，是統合各個關連領域的研究，以期正確的整體理解學習障礙的全貌。

※ 第二章 ※

學習障礙的原因

學習障礙的原因，首先可舉出腦神經系統的損傷。特別是在學習之際，腦神經為何無法適切的發揮機能，成為最大的問題。某些研究者主張那是先天的問題，其他研究者卻認為是後天學習而來。不過，無論站在那種立場，對於中樞神經系統的損傷僅是輕微的，是以特定的方式妨礙學習，對這方面的觀點，卻是相當一致的。

　　另一方面，也有研究者不重視學習障礙上神經學方面的基礎。他們不採納中樞神經系統損傷的假設，欲以妨礙學習效果的心理學因素解釋。亦即，考慮關於知覺、語言、注意、記憶、情緒方面的缺陷。

─────── 第一節 ───────

中樞神經系統的損傷與原因

　　列為學習障礙要因之一的中樞神經系統的損傷，跟腦性麻痺或重症的腦損傷不同，被認為是比較輕度的。這種引起學習障礙原因的中樞神經系統損傷，其造成損傷的原因，可分成遺傳的、先天的、生產時、出生後四個範圍。

1.遺傳的原因

　　據研究，神經纖維腫（neurofibromatosis）或托烏烈特症候群（Tourette syndrome）等遺傳的症候群會造成學習障

礙。這種異常的遺傳，影響腦的構造，成為發生腦機能障礙，生化學的不正常狀態，腦損傷疾病的起因，終致引起學習障礙。不過，到目前像上述遺傳的要因，是否以高相關的成為學習障礙原因，畢竟還不十分明確（Smith & Pennington, 1983）。這是說，學習障礙兒的親人就算有學習障礙，也不能不認為由類似的環境原因所產生。亦即，學習經驗或態度的性質，在親子之間，不少是非常類似的。再說，平日雙親的態度或想法，同樣會傳達給孩子。譬如在親人嫌惡讀書，自認為學習障礙者的情形下，孩子也會在無意識中學得同樣的態度。

2.先天的原因

誕生前就有腦機能損傷的重要原因，有如下的幾類；這些因素容易成為早產兒誕生的原因，早產兒又極容易患上影響中樞神經系統發展的種種疾病。

① RH 因子配合相反。

②感染風疹一類的疾病。

③母親的營養不良。

④母親患了糖尿病、腎臟病、甲狀腺機能不全或情緒性的緊張（stress）等疾病。

⑤ X 光等放射線的侵害。

⑥母親藥物使用不當。

⑦母親抽煙引起的缺氧等。

3.出生時原因

陣痛時或生產時，若有像下述的狀態，容易引起影響腦組織的生理性損傷，或氧氣缺乏。不過，這些原因很少被認為是學習障礙的一次性原因。

①生產過程費時過多，引起頭蓋內出血。

②鉗夾分娩引起的腦損傷。

③臍帶環繞脖子引起的氧氣缺乏。

④陣痛促進劑，或生產後為止血所使用藥物等壞影響。

4.出生後原因

出生後，有不少因素成為腦機能損傷的原因，它們大致可分類為如下兩部分。具體的說法，有頭部受傷或腫瘍，攝取有毒物質，維生素缺乏的營養不良，低血糖症，強烈的慢性情緒緊張或不安，鈣質或甲狀腺不均衡的內分泌腺障礙，高熱造成的髓膜炎或腦膜炎等等。

①腦組織的損傷。

②造成腦構造異常發展或腦細胞間接觸機能障礙的生化學的不正常。

中樞神經系統障礙與學習障礙

　　由於腦部機能無法適切作用，引起學習障礙的理由，可以舉出若干。但是，隨著關於腦機能障礙研究的進展，那些想法中的某些事由就顯得太過於單純，不再受到眷顧。譬如，賀爾蒙或血液的不均衡會造作中樞神經系統某種程度的損傷之想法，如今卻認為像這類的二、三個原因，很難於想像如何造成長時性損傷。那是無法認定會成為中樞機能的障礙，或神經學上的成熟遲滯，或腦構造異常發展，或腦細胞間接續機能障礙的原因。

　　腦細胞一旦遭到破壞，便無法復活。人的腦由 120 億個細胞組成，據說每日有一萬個細胞死亡，然而不會引起腦機能障礙。況且，細小的腦傷害，不認為會造成深刻的結果。

　　腦部損傷的場合，腦機能障礙的質和程度，取決於腦組織損傷的量。譬如，只要有足夠的細胞未受損傷而留下，有時仍能繼續承接它原有的特殊機能。患腦出血，引起語言障礙或閱讀障礙，這些往往是一時性的，常常可聽到他們過一段時間就復原。有人認為那是腦的其他部位代行語言或閱讀的機能所致。又如受損傷的腦部位或發展階段，也會決定腦損傷的影響範圍。

像看字或閱讀這種特定技能上若有瑕疵時，往往被認為由於腦部特殊領域的機能失調所致。譬如，有的孩子對特定的文字能照指示做，但無刺激時卻讀不出；而有的孩子，對嘴上所說詞句，與眼睛所看的詞句，卻不認為具有相同的意義。像這種問題，已命名為閱讀障礙（dyslexia）。

依據有關閱讀障礙的理論，閱讀障礙是像氧氣缺乏一類的原因，給予腦、頭頂部、頭頂後頭葉（參考圖 3）的聯合中樞損傷。這些領域的損傷，會使象徵與意義不能結合，但似乎不會妨礙象徵的認知（Rabinovitz, 1959）。

受損傷的腦細胞會產生細胞為傳達信息所必要的接合機能失調。腦細胞間的這種傳達，以神經性衝動（impulse）的傳達為人所知。那是經由電氣化學的過程來實行，就效果性的學習或行為而言，它被視為本質性的東西。

這種神經性衝動的傳達障礙，會妨礙神經細胞跟其他細胞的連絡交通，傳達的速度產生不適切。神經性衝動的傳達機能障礙，必然引起內分泌腺障礙或化學作用的不均衡。

腦細胞不能有效果的、有能率的連絡交通時，學習或行為將受其影響。活動水準非常高但注意散漫的孩子，正是其例。這是說明，腦細胞受損傷時，神經傳達物質也會遭到破壞。因此，抑止傳達所必要的化學物質不足時，可能會變成過動兒（Wender, 1976）。針對這樣的想法，也有神經細胞間的接合點對於化學物質的抑止鈍感時將產生傳達過度迅速的理論。

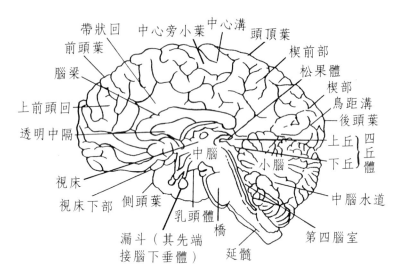

腦的縱斷內側面（時實利彥，1962）

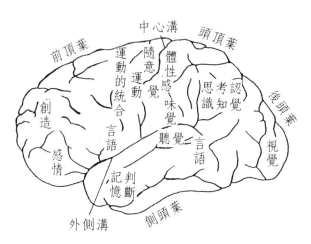

人大腦皮質的分業體制，左邊
大腦半球的外側面（時實利彥，1962）

圖3　大腦的領域與機能

成熟的遲滯

　　神經學上的理論，並非把一切腦機能障礙，視為學習障礙本質性的原因。有種理論認為，中樞神經系統被某種理由引起成熟的遲滯，據其說法，神經學上發展遲緩的人，在早年就遲緩，這種狀態稱之為成熟或發展遲滯（matura-tional or developmental lag）。（Goldstein & Myers, 1980; Koppitz, 1973）。站在這種立場，主張神經學上的發展遲緩兒童，尚未準備好跟同年齡兒童學習同樣的課題。在學校裡，一般是不會等待這些發展遲緩的兒童追上來。因此，認為學習障礙的原因，不在於成熟遲緩本身，而是環繞著它的環境因素。

　　譬如，所有一年級學生的視覺、聽覺都被視為達到一定水準以上時，開始國語初步的課程，便認為不會產生國語的學習障礙。此種場合應注意到聽覺與視覺跟敏銳度是不同的，其敏銳度依存於感覺器官的感受性。知覺是心理學上的過程，把輸入的感覺資訊加以組織並理解它。因此，即使視覺有完全的敏銳度，未必就能把文字做知覺性的區別。

　　如上所述，學習障礙產生的過程，可以扼要整理如圖4（Adelman & Taylor, 1986）。據此圖，中樞神經系統的障

礙引起學習障礙之後，事態緊接著變得更複雜。學習障礙本身，又成為其他問題的原因。亦即，其後的發展、學習或行為都會受到阻撓。如此一來，對孩子的影響不僅是學習的總領域而已，也推及情緒或態度方面。

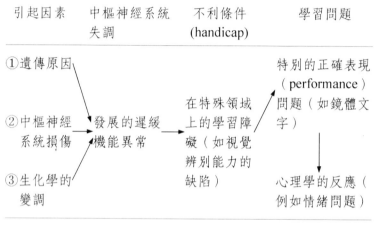

圖4　學習障礙產生的原因（Adelman & Taylor, 1986）

其他的原因

　　如上所述學習障礙的原因，也會成為中樞神經系統無障礙孩子學習問題的原因。阿雷路曼等（Adelman & Taylor, 1986）對於學習問題，從相互作用的觀點，把學習問題的原因分類成表 1。此表排除神經學上的損傷與機能障礙，

表 1　學習障礙原因（Adelman & Taylor, 1986）

環境		人		環境與人的相互作用	
刺激不足	例如： 不良的教育環境 剝奪在家庭或學校的教育機會 不適切的食物	生理的障礙	例如： 腦損傷 內分泌障礙 中樞神經系統的疾病	個人弱點與環境缺陷無法調整	例如： 發展遲滯的兒童／學生在人員不足的班級，又要求過度
刺激過度	例如： 學校或家庭的要求過度 過度強調成就程度 矛盾的期待	遺傳	例如： 妨礙發展的遺傳性原因	輕度的個人弱點與環境無法調整	例如： 輕微腦損傷引起的有關聲音為基礎之讀書指導的聽覺障礙 在普通班級無法充分活動的活動性兒童／學生
		不適切的認知活動與感情	例如： 欠缺基本性認知方法一類的知識或技能 欠缺像低姿自尊心那樣有效果地控制情緒的能力		
有敵意的刺激	例如： 誕生、疾病治療之際的醫療 家庭內的糾紛 不適切的育兒 移民家族 雙語系(bilingual)社會的偏見	不適切的身體特性	例如： 視、聽、運動感覺的障礙 對刺激感受性之過度與不足 易疲勞 產生刻板(stereo-type)反應的性、年齡、容貌	輕度的環境缺陷與個人無法調整	例如： 自認為不被同儕接納因而無法參加團體性的活動或上課的兒童／學生
		脫軌行動	例如： 實踐上的問題，如錯誤極多的閱讀或會話		

及其發展遲滯，而以其他各種各樣會引起學習問題的原因列於表上。此類問題的發生，不僅是個人內在原因、環境原因，更由個人與環境間複雜的相互作用所引起。

為了理解學習障礙，不僅是神經學上問題，重要的是要考慮上述各種各類的原因。如此地站在廣大的觀點始能適切的說明，譬如，男生的學習問題是否較多，甚至社會經濟的地位與學習問題的關係等都需要加以論述。

───── 第五節 ─────
行為論對於學習障礙的見解

學習障礙的研究者，並非全部都重視探求學習障礙的原因。從事學習障礙兒的輔導或訓練的專家中，不少專家都有無法找到真正原因的看法。同時認為即使可能找到原因，但學習問題一旦產生，對於它的原因是無能為力的。特別是採取行為主義立場的研究者們認為不在於發現原因，而是在評鑑現在的機能與跟它相關的原因時，使適切的輔導成為可能。亦即，行為主義者認為輔導就是……

a. 援助學童學會以前學習的學習技術或方略。

b. 排除與現在的問題相牽連的原因。

在行為主義的立場，並不把原因做為問題，因而拒絕用原因來定義學習障礙。多數的場合選擇廣義的定義，認為學習障礙是指智能達到平均的程度，儘管已有適切的動

機或接受教學，但學習上仍顯示困難者。不過，這並不表示行為主義者有無視行為原因的意思，他們對於規範學習或行為的原因，仍加以詳細的檢討。曾對環境如何強化行為、思考、感情及如何形成等相關的問題，進行廣泛的研究。同時，記述上所用的術語，大部分採用心理學用詞，神經學上的術語較少使用。因此，行為主義者可以說，對於神經障礙的原因似乎不表關心。

站在行為主義的立場，所關心的是現在妨礙有效學習的因素。譬如，把惡劣的學習習慣，欠缺學習上所需要的特定技能或方略，看成對課題注意散漫，記憶惡化的原因。因此，改善這個問題的方法，不外摒除壞習慣，再學習已忘掉的技能。換言之，就算有妨礙努力學習的腦機能障礙或者心理學上的問題，仍然無法改善它自體。但是，如果是技能或方略，還能夠再學習，如此便能緩和障礙，或有益於補償（Kazdin, 1984）。

---------------- 第六節 ----------------

評鑑的目的

一般而言，評鑑的目的是為著決定教育上或輔導上的重大問題，蒐集有關兒童／學生的適當資料後進行。蒐集的資訊，將經過分析、統合、解釋。

據沙魯比亞（Salvia & Ysseldyke, 1981）等人的說法，

學習障礙的評鑑目的，可綜合成下列五點：

①鑑定（screening）：目的在發現學習障礙兒童／學生。

②調整環境：目的在為所發現學習障礙兒童／學生的教育，決定最適切的環境。

③訂定輔導計劃：目的在為學習障礙兒童／學生的教育訂定計劃。

④計劃的評鑑：目的在確定教育計劃的有效性。

⑤確認學習障礙的改善程度：目的在監控（monitor）兒童／學生的學業成績進步的程度。

　　學習障礙評鑑的具體情形究竟如何？今舉美國的評鑑—教育過程（assessment-teaching process）為例說明。評鑑—教育過程，由六個階段組合而成，簡介如下：

1.推薦前階段

　　這是把兒童／學生導入特殊教育計劃之前，教師先行的行為階段。亦即，在本階段內，級任老師先試著改善學習障礙。此時，最為重大的決定就是教師或雙親決心讓孩子接受心理教育的評鑑。一旦推薦，成為改善計劃後補者的可能性非常高（Ysseldyke, 1983）。因此，這個階段也可以說含有預防不必要推薦的意味。

　　為參加學習障礙改善計劃，必須在推薦之前，曾受過那種對策處理的資料（Lieberman, 1982；Geraldi & Coolidge,

1983）。在此階段，應設置援助小組，級任老師亦需參加小組，提供學習障礙（其他行為問題也同樣）的兒童／學生，及班級內所實施的應對等策略。

試舉一例，有稱做教師援助小組（teacher assistance team）（Chalfant & Pysh, 1983；Chalfant, Pysh, & Moultrie, 1979）的組織。這個小組由該校三位教師與學習障礙兒的級任教師共同組成。小組採取腦力激盪（brain storming）的方式，提供種種策略，協助級任教師增進該兒童／學生的學業成績。採取此方式的結果，實質地減少學習障礙兒的推薦人數，同時級任又可以跟其他教師共同研討班級問題的解決策略，成為意外的大收穫。

2.推薦與初步計劃階段

學習障礙兒的推薦，起先是由級任教師，或雙親，有時也由兒童／學生本身提出的。一旦受推薦，學校就對該兒童／學生進行追蹤調查（follow up）。同時徵求雙親對該計劃與評鑑的同意，並決定評鑑的種類以及蒐集資訊的人選。

3.多方面評鑑的階段

與學習障礙有關連的專家，蒐集學業成績或學習行為等必要的資料。以這些資料為藍本，由學校心理學者、社

會工作者、特殊教育教師、語言治療師、學習障礙的專家等人，進行多方面的評鑑。

這種多面性評鑑，在法律上有所規制。譬如，測驗必須由受過專門訓練的人士施測，其測驗必須排除文化或人種的影響，同時就使用目的而言務必是妥善的，測驗工具應以該兒童／學生的母系語言施行。評鑑小組的成員應由若干領域的專家組成，其中最少要有一位教師與學習障礙的專家在內。

這個多方面評鑑小組，禁止跟個案研究會混同，這個小組的任務始終侷限在施行測驗，為評鑑而蒐集各項資料，決定是否需要讓被評鑑者參加學習障礙改善計劃而已。

多方面評鑑小組針對學習障礙的評鑑，有義務就下列各項提出評鑑報告書：

①該兒童／學生有無學習障礙。

②該項決定的依據。

③觀察該兒童行為被認為跟學習障礙相關連的行為記錄。

④學習與其行為的關係。

⑤與教育關連的醫學見解。

⑥能力與學業成績之間，有無顯著的差異。

⑦小組對於有關環境、文化、經濟各方面缺陷的影響之見解。

報告書完成之後，仍須確認小組各成員是否承認它。假如有成員不同意該報告書，應把個人的意見併記在報告

書上。學習障礙的決定，就像這樣非常慎重的進行。關於此點，就是智能障礙的認定上，也應該同樣的進行才對。一旦貼上任何不利的標籤，近乎決定了這孩子的將來，因此，怎能不慎重其事！

4.個案會議

從各方面蒐齊資料後，邀請雙親參加個案會議，在會議上，將擬定該兒童／學生的教育計劃。這個會議的出席者，有以下各人員：

- 學校代表
- 級任導師
- 雙親或雙親之一
- 必要時，該兒童／學生本人
- 雙親或教師認為必要的人，如參與評鑑的人或法律專家等

同時為了防止草率進行決定，或易於疏通意志，或由專家壓抑雙親的想法等，人數還是希望儘可能的減少。

當做個案會議結論而提出報告的教育計劃書，其內容務須包含下列各項：

①該兒童／學生的學業成績。

②短期目標與年度目標。

③特別為兒童／學生安排的教育與服務，及參加一般上

課的要求。

④特別教育開始日期及施行期間。

⑤決定目標達成程度的基準、評鑑方法、時間表。

若想讓該兒童／學生參加特別教育的計劃（program）時，上述教育計劃內容，務必獲得該兒童／學生雙親的同意。

5.實施教育計劃的階段

這階段屬於評鑑─教育過程的教育部分，在此階段，依據個案會議所決定的教育計劃書設定的目標，進行為達成目標所構成的教學。

6.再評鑑的階段

追蹤該兒童／學生達成目標程度的同時，進行所實施教育計劃的再評鑑。亦即，檢討教育計劃的效度，它的實施者、評鑑方法和基準等等。

❋ 第三章 ❋

學習障礙的評鑑

評鑑的過程

評鑑的目的，是為訂定改善兒童／學生學習的教育計劃，蒐集資訊並分析它。此際，應加以考慮的基本觀點，拉納（Lerner, J. W., 1985）認為應考慮下面九個項目：

1.現在學業成績水準

考察兒童／學生的學業成績，是隨學校不同而有若干差異。但是，確認學習成績所需要的手續，必須包括以下的各個階段。

①檢討多方面評鑑小組所蒐集得來的資訊。

②必要時，更要蒐集教育資訊，加以檢討。

③應決定所蒐集的資訊是否有效。

④再有必要時，應蒐集評鑑用的資訊，加以檢討。

⑤有關成為問題的學科，其學業成績的水準必須明確。

　這是從有關學年、年齡或課程的參照效標測量（criterion referenced measurement）便可能取得。為這個目的而蒐集資訊的方法，不外是觀察、標準測驗、教師命題測驗等。

2.有關該兒童／學生的其他資訊

依據觀察，可以掌握在學校的行為，同時可以了解它和學習障礙的關係。依據生長史資料的檢討，可以獲得他的出生、病歷、缺席程度、遷居、轉學、級任導師的評語、過去的成績等等，有益於理解學習障礙的資料。再說，依據多角化蒐集的資料，可以了解他的學習準備及學習的型態。尤其是可以獲得有關學習障礙問題內在關連方面的知識和見解。譬如，書寫有困難的兒童也帶有運動障礙，或者朗讀有問題的學生，說話方面也有問題。諸如此類的關連，不難發現。

無論怎麼說，學習障礙會以各式各樣的型態出現，因此，臨床的觀察和若干種類客觀性測驗的結果等等，自然需要拿來當做資料使用。

3.學業成績與智慧能力間的差異

這裡所謂的智慧能力，是指學習上的潛在能力或可能性（potential）而言。一般多數情形，可用智力測驗加以測定。這個智慧能力與學業成績之間，若想決定兩者之間是否有顯著的差異，必須先要解決以下的三個問題：

①兒童／學生實際上學習了什麼，目前的成就水準要怎樣才能測量。

②兒童／學生能夠學習什麼，其可能性要怎樣才能測量。

③學業成績與潛在能力（可能性）之間，差異在多少的範圍才有意義。

關於學業成績和潛在能力之間差異的算法，有若干種方法。但是差異分數（discrepancy score）的計算方法與決定學習障礙時的數值作用，已成爲嚴肅的爭論焦點。

4.學習障礙的判定

判定是否學習障礙的基準或方法，在專家之間也未必有一致的看法（Ysseldyke, 1983）。

多數的情形，像差異分數一類的量的資料，有受到重視的傾向。再說，直接觀察的結果，雙親或教師的報告等，不是量的資訊也獲得考慮。還有種種測驗的結果，也可以利用。

5. 短期目標、長期目標的設定

短期目標是爲提高長期目標的現在成就水準而設定的，通常會訂定若干的短期目標。這是繼續性的，務必是兒童／學生、教師都易於管理的才成。與此相對，長期目標務必能夠在某個期間內達成的才可以。這是對於兒童／學生本質上的要求，應隨各學科而設定。

譬如，長期目標若是學會乘法和除法，那麼，短期目標便要如此設定。亦即：①會二位數的加法。②會二位數的減法。③會二位數乘以一位數的乘法。④會除數爲一位數的除法。⑤會二位數乘以二位數的乘法。⑥會除數爲二位數的除法……等等設定短期目標。

6.特殊教育的必要性與在普通班級上課的時間比例

在美國，收容學習障礙的場所有若干處，但是先得決定兒童／學生應屬於其中的那一場所才恰當。再說，留在普通班級是否適合，仍須加以檢討。

7.成果評量

爲著判定是否達成長期及短期目標，就需要決定判定的方法。換言之，務須決定採取那種量表，由誰來施行等等。

8.適合該兒童／學生的教學計劃

這個計劃需要考慮有關該兒童／學生的綜合資訊後才得以構成。亦即指其發展水準、興趣、態度，已學會的技能，尚未學會的技能、年齡、意願等而言。就計劃而言，教師對於方法、課程、兒童發展等相關的知識，及對於該

兒童／學生的理解等都是必需具備的。

9.評鑑過程的評鑑

評鑑過程的本身，亦應經常加以評鑑。有關兒童／學生的知識或理解日益增加，同時隨特殊教育而引起兒童／學生自身的變化，評鑑過程務必也跟著改善。

第二節
評鑑資料的蒐集

為使上述評鑑的過程能夠妥善，就有必要蒐集到適切的資料。蒐集評鑑資料的主要方法，不外是：①觀察法。②評定量表。③標準測驗。④直接測量。⑤教師自編測驗。⑥診斷教學法。⑦晤談法與問卷法。⑧個案研究方法等等。

實際上，這些方法很少個別的使用，多數是某幾種方法同時施行的。某種方法所蒐集的資料，也需要用別種方法來驗證它的可靠性。但是，為方便說明，分別舉出各種方法，簡單的介紹一番。

1.觀察法

是指準備診斷學習障礙的人，直接用自己的眼睛去看，

藉此蒐集資料的方法；是科學上最為基本的方法，無需特別的用具，也可以說是很簡便的方法。由標準測驗或問卷而得到的資料，是顯示對它作答作反應的人本身如何看待自己，若從診斷的人來看，可以說是間接的方法。與此相對，觀察法（observation）是直接的方法。

依據觀察，可以掌握學習障礙的種種特徵。對於人格適應的評鑑，例如，考試時，有的兒童一開始就灰心而放棄，胡亂作答；有的兒童卻太過於緊張，幾乎完全無法作答；又有的兒童擔心答錯，因而不願意作答；也有的兒童執著於一個問題的解答，而不管其他問題的回答。如此地由觀察而能了解兒童／學生面對考試或新穎場面時，其反應的方式或態度。同時又能知道學習上的問題影響到其他生活方面的事實，而且可能獲得關於興趣或意願程度的資訊。

各種各樣運動或姿態的觀察，可以鑑定運動能力的發展或機能的協調和反應。既可以明白鉛筆的拿法，文字的書寫方法，寫字時的姿勢等，又可以獲得語詞使用方法或其特徵方面的資料。例如，是否還殘留著幼兒語詞，說話的音量是否適當，說話方式是否流暢，是否會遲誤，能夠說完整的句子否，句法合適與否都不難一一了解。再說，由鞋帶繫結方法、鈕扣扣法、拉鍊用法、鎖的開啟等觀察，提供我們了解手眼協調和反應能力的線索。同樣，由律動遊戲的觀察，可以得到有關聽力方面的資料。

重要的是由兒童／學生的日常班級內活動情形的觀察，

可以發現很多有利於教學或輔導計劃的線索。例如，由觀察兒童唸書，可以明白他對生字新詞的反應方式。同時，由此得來的資訊，將成為理解學習障礙上有效的資料。

　　不過，若想為理解學習障礙而蒐集資料時，並非只是仔細的觀察一番就好。對於方法上的長處和短處，應有充分的認知，同時要能夠具備若干種類的具體方法。例如，客觀態度、敏銳眼光、適當妥切的記錄等，皆成為非常根本的條件。關於觀察法的詳細介紹，如高野（1973）或續‧苧阪（1974）的文獻可供參考。

2.評定量表

　　評定量表（ration scale）也使用於觀察法的記錄上，為記錄方法的一種。這是把觀察所得的行為特性或程度，分為相對的等級量表，得以用數量來表示的方法。一般分為三至七個階段，例如，第一階段表示其特殊的行為在最不明顯，尚無法確認的階段，至於最高的階段，正意味著最為明顯的情形。

　　這種方法不僅用在觀察法上，在雙親或老師評定兒童／學生時，也廣泛的使用著。評定量表也有種種方式，並由各種理論構成。不過，最簡單的例子，像成績通知單上所列的成績、性格或行為的評價，也是其中之一種。若想詳細了解，請參考橋本（1959）、田中（1974）的著作。據布拉雅等人（Bryan & McGrady, 1972）研究表示，教師

使用評定量表判斷學習障礙，是一種有效的方法。像這樣的量表，譬如耶魯大學的兒童量表（Yale Children's Inventory, YCI），經多位學者的研究，已承認它的有效性（Shaywitz, et al., 1986）。

其項目，如表2所示。

表2　YCI 量表的項目

量表	項目
注意散漫	1.可看出細部的混淆。 2.不容易集中注意。 3.注意散漫。 4.做一件事需要反覆吩咐。 5.若非安靜的場所，無法寧靜，學習困難。 6.即使已開始，也無法做到最後。
過度活動	1.不停地動著，喜歡跑步甚於走路。 2.喜歡攀登傢俱等東西上。 3.經常忙著些什麼，無法平靜。 4.無法安靜，時常扭動身體。 5.發出大聲，喧嘩不停。
衝動性	1.上課中突然大叫，吵鬧不停。 2.說話過多。 3.極度的興奮。 4.妨礙其他學生。 5.無法遵守秩序，會引發糾紛。

不順從	1.無法到朋友家去玩。
	2.無法去購物。
	3.厭煩,無法忍受忙亂場所。在人群中會吵鬧。
	4.經常需要監視。
	5.無法單獨和保姆相處。
	6.會破壞玩具等物品。
習慣化 (habituation)	1.無法順應新的場面。
	2.日常生活上無法適應變化。
	3.雖與場面無關係,心情也會變動。
	4.反應遲緩。
脫軌行為 (對人的)	1.只對有利自己的情形,才會努力。
	2.不想回來(回家)。
	3.即使欺騙也想要贏。
	4.採取自己想做的方法去做,無法指導。
	5.認為任何人都不會公平。
脫軌行為 (攻擊的)	1.會撒謊。
	2.攻擊性、粗暴、好打架。
	3.會說人壞話,會使用粗野的話。
	4.會偷竊,會違犯規矩。
	5.會尋求朋友,但很快做出觸怒人的事。
否定的情感	1.感情容易受傷害。
	2.會尋找朋友,但會被拒絕或迴避。
	3.為細小的理由便會哭泣。
	4.容易憂鬱,精神鬱悶。
	5.自我形象貧困,認為自己無價值。
	6.悲觀,經常認為事情會更加惡化。

學業問題	1.無法認知數。 2.無法告知時間。 3.無法數數。 4.無法認知文字。 5.無法學習數數。 6.無法學習時間。
語言問題	1.無法使用正確單語。 2.似能了解，卻無法指出單語。 3.文句的排列混亂。 4.句中會停滯，或中止。 5.發類似的單語時，會混淆不清。 6.無法說出當天發生的事情。 7.發音上有錯誤。
運動問題	1.學不會自己穿衣服。 2.學不會扣鈕扣、使用拉鍊。 3.學不會繫鞋帶。 4.學不會用餐具進食。 5.學不會拼圖。 6.學不會繪畫。

3.標準測驗

像期末考試，試卷是教師命題的測驗，與此相對，標準測驗是依據全國適切的樣本為基礎，選出眾多的兒童／學生為施測對象，測驗後的結果經整理而作成，具有標準性的測驗。亦即以測量心智機能為目的的一種標竿。標準測驗（standard test）的內容、實施方法、評分方法、解釋方法等全都必須標準化，更要求它具備效度和信度兩項條件。所謂效度（validity）就是正確性，表示確能測出其欲測量的內容；信度（reliability）就是信賴性，表示測量的一致性和穩定性。

施測時，施測者應先要精通實施的方法，測量結果的統計方法、解釋方法等。有時，測驗的價值並非最後的得分。可能在於特定低位測驗的結果，也可能是低位測驗的輪廓外形（profile），或是測驗中兒童所表現的態度。一個熟練的施測者，能夠從這些方面得到很多必要的資訊。

但是，也不可忽略標準測驗也有種種限制。用來鑑定學習障礙的各種測驗，也有種種的批評（Ysseldyke, 1983等）。就技術上的問題而言，標準化、信度、效度等，未必真正的適當切合。例如，薩羅（Thurlow & Ysseldyke，1979）等人的研究結果，美國收容學習障礙者的四十四家機構所利用的三十三種測驗中，被判斷為具備適切標準的僅有五種，具有理想效度的測驗僅有九種，具有信度的測

驗僅有十種而已。實際面對學習障礙的臨床者與研究測驗的專家之間，想法必然會有所不同。但也有研究者認為測驗用於臨床上，應該是很適切的。

關於在我國所引用的測驗，由於缺乏同樣的研究，尚無法明言，不過，總不能忽視薩羅氏的指責。利用信度、效度高的測驗，就各個學習障礙的診斷而言，雖然有此需要，但不能說是十分需要的。特別是對於各個測驗的結果，應竭力避免過分的信任。

可是，事實雖然如此，卻無其他更適切的評定方法。至於觀察法、評定量表，仍然離開完美十分遙遠。況且，事實上就面對學習障礙的工作者而言，總不能袖手等待理想的鑑定法開發出來。為此，雖抱著不少的問題，標準測驗在獲得學習障礙的資訊，及確立診斷上，仍舊被廣泛的使用著。只是，在應用測驗的結果時，應充分認識它的限制，站在適當的觀點上，小心利用它的資訊最為重要。

標準測驗對於兒童／學生，欲提供如下的兩種資訊：

①一般測驗，對於特殊的心理機能或特性，僅提供籠統的資訊，決定某個兒童在某一領域上達到某種程度的水準上有它的功用。

②被稱為診斷測驗的測驗，能夠提供特定的心理機能或特性的微觀資訊。使各種機能或特性的低位領域分析成為可能，資助訂定治療或輔導計劃的建立。

一般所使用的測驗，如表 3 所表示。

表 3 主要的標準測驗一覽表

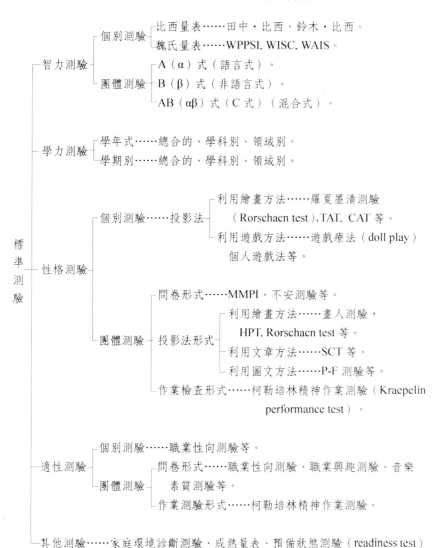

智力測驗
- 個別測驗
  - 比西量表……田中・比西、鈴木・比西。
  - 魏氏量表……WPPSI, WISC, WAIS。
- 團體測驗
  - A（α）式（語言式）。
  - B（β）式（非語言式）。
  - AB（αβ）式（C 式）（混合式）。

學力測驗
- 學年式……總合的、學科別、領域別。
- 學期別……總合的、學科別、領域別。

性格測驗
- 個別測驗……投影法
  - 利用繪畫方法……羅夏墨漬測驗（Rorschacn test）,TAT, CAT 等。
  - 利用遊戲方法……遊戲療法（doll play）個人遊戲法等。
- 團體測驗
  - 問卷形式……MMPI、不安測驗等。
  - 投影法形式
    - 利用繪畫方法……畫人測驗，HPT, Rorschacn test 等。
    - 利用文章方法……SCT 等。
    - 利用圖文方法……P-F 測驗等。
  - 作業檢查形式……柯勒培林精神作業測驗（Kraepelin performance test）。

適性測驗
- 個別測驗……職業性向測驗等。
- 團體測驗
  - 問卷形式……職業性向測驗、職業興趣測驗、音樂素質測驗等。
  - 作業測驗形式……柯勒培林精神作業測驗。

其他測驗……家庭環境診斷測驗、成熟量表、預備狀態測驗（readiness test）等。

標準測驗

4.直接測量

標準測驗是欲從被測者對測驗的反應中,蒐集有關學習障礙的資料,換言之,就是間接的方法。與此相對,如觀察法一樣直接的,且把焦點放在障礙的學習面上直接蒐集資訊的方法,就是直接測量。不過,它和觀察法或測驗法無法截然區別。

譬如,欲測量閱讀能力時,讓他實際的朗誦國語課本;欲知數學能力時,讓他演算數學問題。據此蒐集各個能力水準的資料。再說,把此種方法實施若干時日,就能夠決定閱讀或數學能力的起點能力。由此而獲得的資料,對於從行為改變的觀點建立輔導計劃,在評鑑其結果時成為最有效的資訊。

5.教師自編測驗

把上述直接測量有組織、有計劃的實際實施,就是教師自編測驗(teacher made test)。這是教師依據眼前的課程、教育目標編成測驗,藉此考察兒童／學生的學力或特性。像期末考試,是最通俗而大眾化的例子。這種測驗不會對大團體實施,且由此測驗所得的結果,不能跟其他班級或學校的兒童／學生的成績比較。

但是,教師自編測驗,有種種價值意義(Zigmond et

al., 1983）首先，可以自由實施、自由解釋。譬如，為了完成測驗給予很多時間，也給予多種鼓勵。這樣的做法可使兒童／學生輕鬆，可能啟發他們最大的努力。何況還可以頻繁的舉行，也能用種種方式評鑑，更能在日常的教學中施行，並可能把握目標所要求的行為或特別密切關連的事項。莫蘭（Moran, 1978）為使用教師自編測驗，列舉五個方向指引，即：

- 只測驗認為欠缺的技能部分。
- 以有關最終目標行為開始測驗，逐漸以容易的問題降低難易度。
- 在日常教學中進行。
- 跟有組織的觀察配合進行。
- 仔細區分技能的障礙或情緒的問題。

以上所述，主要是說明測量現在的學力之測驗，及使用時應留意的事項。此外，為測量學習障礙其他特性用的測驗，由研究者作成，也提出報告。學習障礙如前所述，知覺─運動障礙被認為特徵之一。為測量這類障礙，史特勞斯（Strauss, 1943）提出繪畫測驗。這個測驗如圖 5 所示，以各式各樣的線條圖形與具體圖形相組合而作。把這些圖片用瞬間露出器提示 1/5 秒鐘，再詢問他們看到了什麼？史特勞斯依據這個測驗，想要捕捉被認為構成知覺─運動障礙的形象與背景（figure-ground）的未分化性。

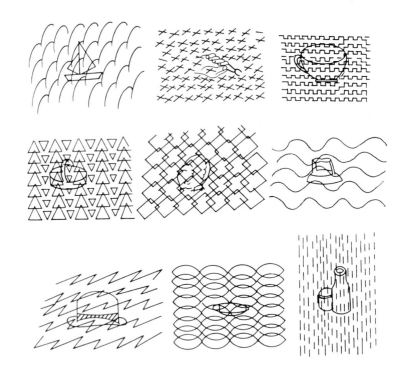

圖 5　繪畫測驗用圖片（Strauss, 1979）

史特勞斯又製成形態盤測驗（marble board test），這個測驗採取每邊 11 公分的正方形板，上面縱橫各有十個小孔的兩片相同的方盤。

另外準備紅黑的玻璃彈珠，施測者用它在方盤上，像圖 6 所示，形成圖案。被測者看著它，在另一方盤上照圖案再排列出來。這個測驗由測量完形（Gestalt）作用的程度，據此欲發現有無知覺－運動障礙。

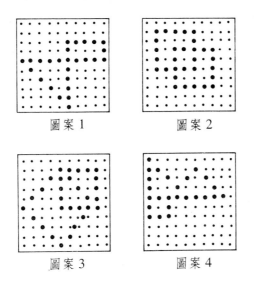

圖案 1　　　　　　圖案 2

圖案 3　　　　　　圖案 4

圖 6　形態盤測驗圖案（Strauss, 1979）

6.診斷教學法

　　被看成評鑑過程的延長者中，有種稱做診斷教學法（di-
agnostic teaching）。這種方法說不定可以說是觀察法和教
師自編測驗或標準測驗等評鑑法的混合體。從教學的展開，
兒童／學生對教學的反應、考試結果等，蒐集各式各樣的
資訊，一面綜合判斷此等資訊，一面繼續進行教學。因此，
也稱做試誤教學（trial lesson），又有稱做教學調查（teach-
ing probe）。

關於兒童／學生的學習型態的資訊，可以在數次的教學中獲得。譬如對兒童視覺的提示生字卡，並且唸給他們聽，隨即讓兒童唸出該生字。這個測驗的結果如果良好，正表示該兒童的視覺性記憶力甚佳。同樣的方式，也能夠考察聽覺記憶的能力。當然也可以利用標準化的認知測驗，以期獲得了解兒童／學生學習型態的線索。

羅斯威爾（Roswell & Natchez, 1983）等為一到三年級的兒童閱讀能力，提出診斷教學法。那是視覺法、聽覺法、視覺—運動法、運動法等四種方法構成。

a.視覺法

把尚未學習的五個新單語各自寫在卡片上，並附有圖畫。剛開始向學生提畫卡，並發音給學生聽，經過若干次後暫停一會兒，再以無圖畫的單語卡片測驗學生。

b.聽覺法

聽覺法由四部分組合而成，例如把 run 改變成 sun 或 fun，由變化開頭的子音，認識新的單語。其次，教師緩慢的、明確的發音若干次，再指示做單語的併音，又利用最初指導過的音，如 fat 先 fan，cat 先 can，變化單母音語的後面子音。最後階段是把這種聽覺法所學習的單語，以任意順序讀出。

c.視覺－運動法

選出五個或是七個字母合成的三個未經學習單語（例：fight，market，horse），分別寫在卡片上。讓學生仔細觀看後，閉上眼睛，使所看的單語形象（image）化。睜開眼睛

後，再看單語，讓他核對視覺形象，然後發音。最後，依記憶寫出該單語。

d.運動法

當其他方法少有效果時，便利用運動法。首先把準備學習的單語寫成五、六公分大，一邊緩慢的發音，一邊用食指描寫該字。反覆若干次後，在沒有範本下，繼續書寫該單語。

7.晤談法與問卷法

學習障礙的評鑑，特別為早期發現，利用問卷法（questionnaire method）或晤談法（interview method）是很有效果的。這是雙親與兒童／學生相對照的施行，盡可能在早期年齡階段找出學習障礙或其危險性。可見它的目的是在防止學習障礙上發揮其功用。

以上述目的進行的問卷法或晤談法，其詢問項目是多彩多姿的，跟後面將介紹的個案研究法所採用的項目，有很多重複的情形。拉納（Lerner, J. W., 1985）以幼兒的雙親為對象做成的問卷或晤談的項目，舉例如下：

①一般背景與健康狀況的問題：
- 您小孩的年齡是幾歲幾個月呢？
- 您在生產前有什麼異狀嗎？
- 您小孩的一般健康狀況好嗎？
- 您小孩曾長期生病或住院嗎？

- 您小孩有近視的徵候嗎？
- 您小孩做過視力檢查嗎？結果如何？
- 您小孩的聽力，是否重聽了些？
- 您小孩做過聽力檢查嗎？結果如何？

②關於發展方面的問題：

- 您小孩生後幾個月就會坐了？
- 您小孩約從幾個月就會回答「是」了？
- 您小孩從第幾個月開始會走了？
- 您小孩從第幾個月開始會說話了？
- 您小孩從第幾個月開始會說完整的句子了？

③關於目前行為的問題：

- 您小孩會使用鉛筆、蠟筆、剪刀嗎？
- 您小孩會騎三輪車、單車嗎？
- 您小孩會寫名字嗎？
- 您小孩有尿床、膽怯、發脾氣等神經質的傾向嗎？
- 您小孩有活動過度而缺乏穩重的情形嗎？
- 您小孩喜歡聽人講話嗎？
- 您小孩善於用語言表達嗎？
- 您小孩會做自己的事嗎？
- 您小孩在家裡怎麼過呢？

8.個案研究的方法

前面曾述及，學習障礙的評鑑是綜合性的過程，同時

各個學習障礙的發生過程也是獨特的。因此，個案研究方法，就有需要導入。個案研究方法（case study）是針對學習障礙兒童／學生，蒐集各式各樣的資料並分析統合，以求理解問題成立過程或原因的縱斷面，規劃教育上的處理過程。

因此，務必蒐集多方面的充分資料，就個案研究所需搜集的項目，不外是：

①一般資料：a.姓名、性別、年齡等。b.家族的人數，彼此間關係等。

②關於學習障礙概要：a.發現時期，當時的環境等。b.程度。

③過去的經過：以前若曾接受過相關的輔導，則其鑑定結果與輔導概要、輔導期間等。

④生長或發展史：a.妊娠中母體的狀況。b.出生的狀況，如早產、難產等。c.營養，如母乳或人工營養等。d.乳幼兒期發育狀況，如長齒時期、步行開始期、始語期、排尿便的指導等。

⑤身體、健康狀況：a.既往歷史，特別是頭部受傷等。b.現在的健康狀況。c.有無生理、心理上的疾病。

⑥情緒的問題史：有無過敏性、爆發性、膽怯、感情的易變性等。

⑦習癖異常：a.飲食習慣，如偏食、食欲不振、暴食等。b.睡眠，如入睡、夜驚等。c.排泄，如遺尿、尿床等。d.語言，如幼兒語、語言障礙、口吃等。

⑧社會發展史：畏縮、朋友人數等。

⑨能力：智能、學力、個性等。

⑩意願、興趣：對象、程度等。

⑪家庭環境：a.出生地，有無遷居等。b.育兒態度，如過度保護、溺愛、干涉、排斥等。c.本人對家庭或雙親的態度，如親愛感或疏遠感等。d.社區的狀況等。

⑫學校生活：a.學業成績。b.上學狀況（缺席的多寡）。c.適應狀況，如與教師、同學相處的狀況，有無欺負或被欺負等。d.學校、班級的氣氛等。

自然，對於所有的學習障礙兒，不一定要把上述各項資料完全收齊，隨著目的與必要性，針對認為有關係的項目蒐集資料就可以。蒐集個案研究的資料時，必須留意下列各點：

①嚴守個人秘密。

②所蒐集的資料因主觀性很高，或可能記憶錯誤，因而需用其他資料證實的，務必慎重處理。

③資料提供者與本人的關係，應使其明白清楚。

④跟其雙親晤談，是重要資料的來源，為此應和其雙親之間，取得親和關係（rapport）才好。

學習障礙的鑑定基準

直到現在，上面所述各點，皆爲鑑定學習障礙時，有關蒐集資料的種種方法，但是面臨鑑定該兒童／學生是否學習障礙，又是另一重要問題。如前面所述，在美國對學習障礙的鑑定，是委託由各方面專家所組成的鑑定小組，由鑑定小組開會討論再做決定的。鑑定小組以上述各方法蒐集的許多資料爲依據，再進行鑑定工作。

如圖1（參考第一章，P. 5）所示，目前美國的學習障礙，有年年增加的趨勢。其原因，有如下三點（Lerner, J. W., 1985）：

- 雙親或教師提高對學習障礙的關心。
- 在幼稚園或國中小，爲學習障礙設計的輔導計劃（program）甚爲發達。
- 醫學治療或特殊教育的對象減少。

上述理由，促使學習障礙兒童／學生數的增加。但其結果迫使學習障礙的標準，務必加以訂定。

向來用在學業低成就的判定之差異分數（discrepancy score）受到矚目。所謂差異分數，是把學業成績與智能間的差距加以量化。但是，究竟使用何種差異分數最適當，

卻又產生其與本質上的原因如何關連、如何處理的問題。

1.差異分數的決定法

　　一般而言，兒童／學生的智慧能力與學力之間的差異，可以用量決定。目前這種差異分數的決定方法，有四種被引用，它們各有各的優點和缺點。

(1)落後年級水準

　　首先，最受到普遍考慮的學習障礙評鑑標準，該是與現在的年級水準相比較。學習障礙所以成為問題，是成績明顯的比年級平均低的情況，但是一旦要決定學習障礙時，務必先決定比年級水準落後到何種程度才成為問題。這種落後的程度，也有人指出應該隨年級而改變（Richek, List, & Lerner, 1983）。如在小學低年級為 1 學年，中高年級為 1.5 學年，國中為 2 學年，高中為 2.5 學年，在各個低成就的現象，應加以預想學習障礙的恐怖。這種落後年級水準，是以智能正常為前提條件使用的。

　　這種學習障礙的決定方式，雖然在學校是很實際的，可是在統計學上有很多缺失。譬如，可以期待應比年級更好的學業成績的兒童／學生，其實際的學業成績已達到年級水準，因而含有不能決定為學習障礙的問題點。況且，又有批評說：它用於學習障礙上，不如用於決定學業低成就更適合（Cone & Wilson, 1981）。

(2)以年齡或年級水準為標準的智能與學力間的差異

這個方法，是換算成年級水準分數或年齡水準分數，再算出智慧能力與學力間的差異分數。在決定學習障礙上，是美國各學校最常用的方法。具體地說，盛行的有三種方法：

a.**心理年齡法**（mental grade method）

這是由哈里斯（Harris, 1961）提倡的最單純方法，測量閱讀能力的期待值而使用心理年齡，可由下列的計算公式計算。

閱讀能力年級期望值（RE）＝心理年齡（MA）－ 5

譬如心理年齡十歲的兒童，若能期望他具有小學五年級學生的平均閱讀能力，這項能力期望值與實際閱讀能力水準之差，可用於決定閱讀學習障礙。例如，雖具有三年級學生的閱讀能力，差異分數卻為二年。

b.**年級法**（year in school method）

上述心理年齡法，未曾考慮受教育的年數，因此智能特別高的或低的情況，期望值會產生偏高或偏低的錯誤，因此孟特（Bond, Tinker, Watson, & Watson, 1984）等以下列的公式算出閱讀能力年級期望值。

RE＝（年級數 × 智慧能力指數）÷ 100 ＋ 1.0

譬如小學五年級，智慧能力指數是 120 的兒童，以上

述公式計算，即閱讀能力年級期望值為 7.0。假如該兒童的實際閱讀能力水準為四年級學生程度，即差異分數為 2.0。

c.**學習商數法**（learning quotient method）

這個方法考慮到心理年齡（mental age, MA）、生理年齡（chronological age, CA）、就學年級（grade age, GA）（Myklebust, 1968）。學習商數，可用下列公式計算：

$$期望年齡（EA）=（MA+CA+GA）÷3$$

如 MA 是 12，語言的 MA 是 11，動作的 MA 是 13，閱讀能力分數是 4.0 學年。代入上述公式計算，關於語言的 MA，EA 成為 10.6，LQ 成為 87。至於動作的 MA，EA 和 LQ 分別為 11.2，82。EA 的平均值是 100，所以這位兒童會被認為可能有學習障礙。

期望年齡的計算，尚有哈里斯（Harris, 1970）提議的計算公式。其公式如下，它給予智能較生理年齡為重的份量。

$$EA =（2MA+CA）÷3$$

這些方法雖然在發現學習障礙上確實廣泛的使用，但是柯恩（Cone & Wilson, 1981）等指出若干的問題。這個商數沒有考慮測驗的誤差，也沒有考慮各個測驗間標準的比較。假如採取它的平均值，其誤差可減到最少。這個平均值稱做期望年齡（expectancy age，EA），用此方法智慧能力可用 WISC-R（Wechsler Intelligence Scale for Children-Revised）測量，即 MA 可分為語言 MA 與動作 MA 分別考

慮。學習商數（LQ）如下列公式所示，由現在的成就水準（achievement age, AA）與 EA 的比，可以呈現。

$$LQ = \frac{AA}{EA} \times 100$$

　　LQ 在 89 以下的情況，可做為判斷學習障礙的一個基礎。語言心理年齡是語言的IQ乘以生理年齡，再除以100，便可算出。同樣，動作心理年齡是動作的 IQ 乘以生理年齡，再除以 100，便可算出。年級年齡即以現在的學年加算5.2，例如某個十歲兒童，學年是五年級中途（即5.5），由 WISC-R 的智慧能力測驗得到心理年齡，與從閱讀能力測驗所得年齡水準，如何同等看待便成為問題。

(3)以標準分數為基礎的差異分數

　　為排除上述各種方法所含的缺點而發展的，正是基於標準分數而計算差異分數的方法。這個方法是把所有的分數換算成標準分數（standard score）。所謂標準分數是把個人分數與平均值的差除以標準差所得的數值，也成為偏差值的基本。因此，自智能測驗與學業成就測驗所得的分數，才有相互比較的可能。

　　判斷智慧能力與學業成就間的差異，依存於所得標準分數間的差是否比 1 或 2 標準偏差大。跟這個類似的方法，也有採取 Z 分數（Elliott, 1981）或 T 分數（Hanna, Dyck, & Holen, 1979）間的差異。一般廣泛使用的，有成就值（achievement score, accomplishment score）。成就值依下列

公式計算。如果是負的，同時在 10 以上時，便被認為學習障礙已成為問題。

$$成就值＝學業成就偏差值－智能偏差值$$

智力商數或心理年齡不能看做間隔尺度，所以把學業成就測定值之差或比，當做指數使用是有問題的。這個問題，由使用偏差值得以解決。但是據柯恩（Cone & Wilson, 1981）等人說法，仍然忽略某些統計學上的特性，尤其是對平均數的回歸一類的問題。

(4) 以回歸分析為基礎的差異

上述成就所產生的問題，正在於智能與學業成就未必是一致的。換言之，可看出一種傾向：越是智能高的兒童／學生，跟智能比較其學業成就都較低；而智能低的兒童／學生，卻有與它相反的情形。表示此事的一個例子，有人併列智能偏差值與國語、數學的學力偏差值的研究報告，參考下頁圖 7（石田，1968）。

為補救使用標準分數方法的缺點，有利用回歸分析（regression analysis）的方法。這種方法可以修正差異分數在統計學上的缺陷，所以被看成較理想方法。

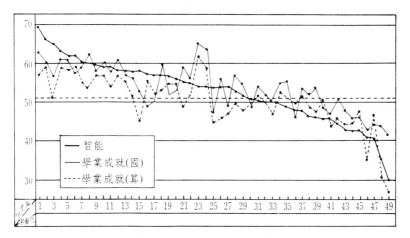

（註:國小二年級學生）

圖7　智能與學業成就的不一致（石田恒好，1968）

在日本，金井（1967）建議使用回歸成就值，那是用下列公式計算：

回歸成就值＝學業成就偏差值－智能偏差值後所推定的學業成就回歸值

這是從智能與學業成就偏差值的相關關係，為對應特定的智能偏差值，以求取學業成就的回歸值。由此推算便能避免由智能高低而引起的與上述同樣的影響。回歸成就值若在-7以下時，會判斷為可能有學習障礙。

再說，也有提倡多元回歸分析的方法（薩威吉，1975），這是使用 WISC 與修內魯閱讀能力測驗，求取閱讀年齡的方法。據它的方法，對有特定智能兒童／學生所

期望的閱讀年齡，可由次表計算出來。

表 4　依據多元回歸方程式所期望的閱讀年齡
(Fransella, F. & Geruer, 1965)

年　　齡	所　期　望　的　閱　讀　年　齡
6~9 歲	− 8.44 ＋(0.98 生理年齡 − 0.85 IQ)
10~12 歲	− 7.68 ＋(0.64 生理年齡 ＋ 0.117 IQ)
13~15 歲	− 10.86 ＋(0.72 生理年齡 ＋ 0.114 IQ)

　　可是，依據回歸分析的方法，就求得差異分數的方法
而言，也有它的弱點，有學者指出它用來推算的數值來自
信度低的測驗，所以不該使用（Shepard, 1980）。譬如，
目前學習障礙評鑑所用的多數測驗，並不合乎適切的心理
測驗標準，測度間的相關也未曾詳細檢討（Salvia &
Ysseldyke, 1981）。實際上，回歸分析是用在籠統的推測行
為測驗上，是種嚴密而複雜的方法。再說，想使雙親或教
師理解回歸的概念，的確也是困難的問題。

　　無論怎麼說，上述四種差異分數的特性是各有特色的，
其優劣也無法單純的決定。對學習障礙的鑑定，也不能完
全依賴這些量的資訊，其他種種資訊也必須加以考慮。因
此，在學習障礙的鑑定上，量的資料與質的資料之間的關
係便成為重點，所以臨床的判斷或經驗的重要性，也大大
的受到重視（McLeod, 1979）。事實的確如此，任何數學
公式都有無法列入的許多因素存在。換言之，當鑑定學習
障礙時，對於觀察、非標準測驗、教師和雙親的見解等等，

都應充分的考慮。差異分數完全把焦點放在智慧能力與成就水準的關係上，常忽略了學習障礙兒童／學生的其他特性。

2.利用電腦

學習障礙鑑定時，需要考慮如此多的資訊，因此，利用電腦正可發揮它的威力。資料的儲藏、分析、檢索，由於利用電腦變得極為容易。

個別教育的計劃（program）成為美國推行特殊教育的主要階梯，受到非凡的歡迎，但是，由於促進它的發展，加強它的監控結構，提出許多的問題。同時法律對於個別教育的要求，諸如報告書的出版、記錄的保管、進展程度的評鑑等等，增加許多的工作負擔。教師為整理文件，或管理責任的重荷，幾乎忙得喘不過氣。

能減輕這些重荷，就是利用微電腦或個人電腦。它不只在評鑑階段，並在進展的監控方面，無不發揮很大的效果（Hayden, Pommer, & Mark, 1983）。電腦能夠處理的工作，可以舉出下列各項（Lerner, J. W., 1985）：

⑴有助於個別教育新計劃（program）的編寫

它可以綜合統計學上的資訊、教育的目標、測驗分數或其他測驗資料、決定事項，或對雙親、兒童／學生的說明內容等個別教育所需準備的資訊，綜合納入計劃（program）中。同時，可隨各個學校所使用特殊程式（format）的要求，提供適合該校的程式。

(2)容易修改或補充資料

　　個別教育的計劃或記錄儲存於磁片（disc）上，需要修改時隨時可以輸入磁片叫出資料。至於新的資料，如目標達成程度、新測驗結果、觀察所得資料、計劃變更等等需要添加的部分，同樣隨時可加上去。

(3)列印資料簡單

　　個別教育相關人員會議時，所需要的資料，很容易從磁片儲存資料中整理而列印出來。同時，若要訂正或刪除，可以迅速進行。

(4)容易訂定長、短期目標

　　熟練電腦的臨床專家無可取代，當然也不能更換。經濟性的個別教育計劃，必須包含有關各式各樣課程領域的許許多多目標，並爲特定的兒童／學生選擇新的目標。這樣的作業，就算是專家也是件艱難工作，可是電腦卻能簡潔的把長、短期目標呈現在眼前。關於教育目標的儲存，在個別教育計劃上發揮莫大的威力。

(5)可以檢查手續上的保障條例

　　電腦在確認個別教育計劃是否合乎政府的保障條例

（safeguard）上，具有很大的作用（Hayden, Vance, & Irvin, 1982）。手續上的保障可納入計劃（program）中，重要的記錄（譬如，雙親答應孩子參與個別計劃"program"的日期等），全都可以登記在其中。

(6)分析並解釋測驗結果

　　只要作成實施測驗的評量、分析、解釋的程序，便能迅速地處理測驗的結果。

(7)監控學習技能的學習

　　若想監控兒童／學生改善的程度，列出課程所包含的技能清單（check list），納入計劃（program）中必然可發揮很大的效果。譬如，已做成有關閱讀、數學、語言、職業相關的技能或社會性的技能（skill）等計劃（program），並效果良好的運用（Minick & School, 1982）。

(8)提供雙親詳細或容易理解的資料

　　關於孩子的資訊，能以各種形式入手，能夠了解進步的狀況等等，獲得家長的好評。

(9)創設資訊資源銀行

　　電腦能夠提供適合兒童／學生所要求的教材或副教材相關的資訊。

　　日本尚無為學習障礙兒所編的個別指導計劃（program），因此，也沒作成像上述的電腦教育計劃。不過，美國有很多種類的計劃（program），多至要選用那一種都成問題的地步。結果要迎合教師或學校的要求，在計劃上留有隨時可補充內容的餘地。在各個學校，也希望編寫合乎其要求的個別教育計劃（program）（Hayden, et al., 1983; Minick & School, 1982; Vance & Hayden, 1982）。

第四節

原因與結果的關係

　　教師應該會察覺有學習問題的學生，在上課中缺乏沉著，不注意聽話，交代的事情也不好好做，經常慌慌張張、心不在焉。這種情形，教師往往會覺得是否健康上發生了問題。

　　在日常生活中，當我們對自己的經驗感到懷疑時，為了了解它，總會設法究明原因。亦即設法了解原因與結果關係的傾向，說不定是人的本質性特性。但是，此際往往會誤解它的關係，特別是犯事後歸因（post hoc）謬誤之情形極多。

　　據傑斯（Chase, 1956）的報告，南太平洋某個島上的土著，相信身上有虱子的人才是健康的。這是源自健康的人身上會有虱子，病人身上卻無虱子的觀察結果，確信虱子和健康的關係。其實，該島屬熱帶地區，病人往往會發

高熱，虱子嫌棄高熱，自然不停留在病人身上，這種事實他們卻不了解。我們也常常犯著同樣推理上的錯誤，可是我們未察覺的情形極多。甚至心理學上的研究，也有不少被認為犯了同樣的錯誤。

經驗淺薄的教師看到注意力極度散漫的學生，不知不覺地認為跟健康有關連，這可能是難於責怪的。但是，A事故僅因B事故先行的理由，便認定B是A的原因，這種錯誤應多加留意。這類錯誤最容易發生在假定學習問題是由於難產、營養不良或離婚而產生的。

再說，某事態僅僅是複雜事態中的一部分，況且沒有給予重要的影響，卻認為它是事態的主要原因，最容易產生推理上的錯誤。譬如，大家都傾向於把養育良好的孩子，視為他的性格可能往理想的方向發展，但是，絕不可忽視，雙親的養育只是影響孩子行為的一項主因而已。特別是進入青年期以後，同儕的影響遠強於父母。

當兩種事態反覆同時發生時，也會產生第三種推理上的錯誤。經過一段時間之後更難於決定誰是誰的原因，或兩者都是由其他原因引起的。譬如，有學習問題的學生，往往也有行為問題。此種情形下，究竟學習問題是行為問題的原因還是行為問題是學習問題的原因才正確，確實難於辨明清楚，兩者可能是由於對待孩子不適當，或不理想的教學，或朋友不良等原因造成。當這類問題產牛後，隨著歲月越久，其原因越難於究明。

為此，科學家一直強調把原因與相關（或關係）之間，

必須明確的區別。相關指彼此間有相互關連的狀態。譬如上述健康與虱子，學習問題與行為問題的相互關係。一方面也可以說原因與其影響，是相關的特殊情形。換言之，其相關是眾所周知的關係性質。

一起發生的若干件事情（有相關的）跟常識很一致時，很容易被認為一方是原因，另一方是結果。像這種情形，有很大的危險，那就是忽視可以理解真正原因與結果結合上重要的其他因素。

從來有不少的研究者為著了解學習問題，用心探討各種線索或相關的因素。這些因素當中，有些因素由於很切合跟學習問題有關的理論或想法，因此，對它遂特別關心。

一般說來，若有需要特別處理的改善問題時，注意力往往被其他問題或不平常的個人特性或環境所吸引。這類的問題、特性或環境，容易被看成由於因果關係而結合在一起。這種結合直觀的看來，近似於論理性，因此，教人很難於理解它們沒有因果關係。那些因素的確是趣味性的線索，但是，恐怕不少是導向重大歧途。

上面所敘述，有關學習障礙的理論，粗略地劃分，提倡的理論大約有四：

①醫學的模式（model）

②發展遲滯模式（model）

③病理學的環境模式（model）

④個人與環境相互作用的模式（model）

這四種理論中，第一、第二是求自個人原因的模式，但就說明學習障礙上，普遍地被接納。不過，它尚未經過充分的實證，今後可能還會發現其他更重要的原因。事實雖然如此，可是當得到看來跟這些理論相一致的結論時，往往相信那是因果關係的證明，這種傾向不能說沒有。

第五節

探索原因

學習問題可能隨原因不同，治療也不同，而有若干種類的學習問題存在。由於此故，把有學習問題的兒童／學生分成若干種類型的分類，便成為重要的工作。考慮到這點的鑑定診斷，可以說是把個個兒童／學生分類為特定的診斷範圍（category）的過程，為著給予一個兒童／學生某種診斷，有必要使其診斷範圍明示具有特徵性的徵候或記號。

譬如，診斷神經學上問題為原因的學習障礙，務必顯示輕微腦損傷的存在。如果有嚴重的神經學上問題，更要有重度的腦損傷或像腦性麻痺一類的診斷才適當。這種情形的關鍵，正是明示學習問題的原因，是極輕度的腦機能障礙所引起。為此，輕微腦機能障礙為測定腦機能未成熟的程度，必須要有妥當的測量。不過，重度的腦障礙，比較容易測量，可是輕微腦機能障礙的場合就困難許多。明

白此點的同時，為表示學習障礙原因鑑定診斷的問題所在，試看一般所謂輕微腦機能障礙的評鑑。

(1)輕微神經學上症候與診斷

醫學上所謂症候（sign）一詞，意味著生病的客觀性證據。一旦發現症候，便容易診斷疾病。

自1940年代後半，隨著輕微症候的發現，輕微（minor）神經學上機能障礙的診斷變成日常易事。這種傾向可說由於無法發現輕微神經學上機能障礙的客觀性症候而產生的。

這裏所說輕微症候，也被稱做曖昧的症候，或叫做臨界症候，並非是完全的症候，只是徵候（symptom）而已。徵候就像頭痛的盟友一般，主觀性的色彩極為強烈，也意味著它會伴同種種疾病出現。就算是專門醫師，也可能會有不同解釋。專門醫師對於被稱做學習障礙徵候之相關行為，也僅在被認為腦損傷與相類似者，有較為一致的看法。

檢查這些輕微神經上症候，最常用的方法是運動問題，或感覺—運動協調問題。此種評鑑結果，跟視為有關腦直接性指標的結果有所不同。譬如腦波對發現重大的腦機能障礙是有效的，但是對於輕微腦機能障礙，其有效性變成很低。

為改善中樞神經系機能的診斷，開發了神經心理學的一組測驗（test battery）。它包含高度的認知技能，目標放在運動與感覺—運動協調的評鑑上。隨著增加這樣一組測驗的利用，同樣的測驗也增加，促使輕微症候的發現也有

擴大的傾向。

目前的階段，神經心理學測驗，是想測定如下的種種：

①全體性的協調運動、統合行為（如：繫鞋帶、扣鈕扣，把自己的指頭指在自己鼻子上）。

②眼動機能（如：眼筋的調節、瞳孔的相對直徑）。

③姿勢調節、走法、反射（如：以腳尖走直線）。

④視覺、聽覺，及相關連的認知技能（如：刺激辨別、韻律模倣、辨別左右、單純命令理解與實踐、簡單概念化與演繹）。

⑤觸覺與運動知覺（如：位置辨別能力與感覺辨別、運動探知）。

⑥語言機能（如：音調、言詞複誦）。

⑦記憶（如：語言及非語言刺激複誦）。

⑧外觀與態度（如：身體特徵）。

這些神經心理學測驗，用於探查中樞神經系統機能障礙的存在。這些測驗所測量的，是外顯行為。這些行為如果未達到所期待的水準時，就被視為腦的某一部分未適切發揮機能。當然，這樣的結論是當其他合理性的說明無法適合時，它會被認為是妥當的。特別是明瞭其行為並非心理，或社會文化因素（如情緒障礙或家庭貧困等）的結果時，它就成為有用的評鑑法。

的確，輕微症候與上述被視為輕微腦機能障礙症候行為或反應之間，可以認定存有趣味的相關關係。不過，把

它當做學習障礙原因時，不能說是充分的資訊。這方面的研究範圍，可當做學習障礙以外與學習問題對照的資料，從中漸漸發現顯示學習障礙的特性或症候。

學習障礙評鑑上引人興趣的上述症候，明顯有神經學上障礙的人中，高頻率的被發現是事實。但是像那樣的行為，也有被認為跟神經學上機能障礙無關連問題的人，同樣頻頻出現。有時候，明顯無障礙的人中也會發現，這也是事實。

(2)學習障礙理論與理解

關於學習障礙的原因，最重要的是要有理論才有成效。這種理論在評鑑特定學習問題的原因時，能夠排除其他的原因。關於特定原因的理論，在學習障礙研究上是本質性的事情。然而，診斷錯誤的問題，若是依據那種理論而來，就研究者或教師而言，依然可以認為是倫理的，成為實際關心而持續。

關於學習障礙的理解，存在著許多相異的方法，教師或治療者經常試著從其中選擇最好的方法。即使如此努力，卻跟焦點放在神經機能障礙，或是放在記憶或注意的過程無關係，在診斷之際，錯誤仍然存在。為此，多數的研究者為著消除診斷上的錯誤，繼續著他們的研究。

第四章

治療教育的決策

治療教育的層次

依循上述的評鑑、診斷的程序，發現學習障礙後，便要明示處理方式、安置場所、擔任人員。同時更要周詳考慮針對各個學習障礙的特別輔導計劃，甚至日常生活上必須做到的各個細節，無不包含在內。

至於治療教育的實施方法，留待後章詳述，亞雷路曼（Adelman & Taylor, 1986）等人，依據其安置方式的特殊性程度，如圖 8 所示，提示多種形式供參考：

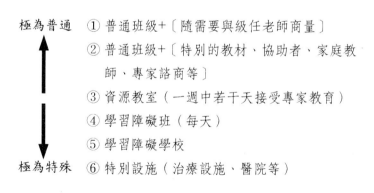

圖 8　學習障礙治療教育安置層次（Adelman & Taylor, 1986）

一般重度學習障礙，中樞神經系統障礙愈清楚，愈需要特殊的治療教育。亞雷路曼等人認為在最普通狀況下的

治療教育，效果最良好。然而，實施短期間的部分治療教育，認爲將收到更大的效果。

爲此，有人指出設定有關一般性治療教育（層次 1）的藍圖（guide line）及經費上的保證，教育計劃（program）的有效性，決定何種層次的治療教育最合適等等，相關事項的抉擇，才是重點。實際上，面對教育上的安置時，有重視完整的行政，遠過於完善輔導方法的傾向。譬如，從資源教室或學習障礙學校回歸普通班級（層次 1）時，普通教育計劃爲配合改善學習障礙的目的，必須按照特殊要求改變。如果行政上缺少這樣的配合，不可能把學習障礙的治療教育導向成功。

第二節

治療教育的兩個觀點

學習障礙的治療教育，其教學型態或計劃（program）等，有形形色色的類型，但是，目前可以把它們分類爲兩個觀點。

第一，根據中樞神經系統障礙爲原因的想法，主張學習障礙的產生，乃由於欠缺學習過程中所必要的某些能力（ability）。站在這個觀點，便要使用基礎能力方案（approach）。它是以心理學上過程的改善，或由學習方法上補償能力的障礙作爲目標。

這個觀點的根源，可從醫學的、心理療法的、教育的想法等看出。因此，它改善學習障礙方法的途徑，是根據神經心理學機能分析成為可能的檢查結果提出來的。處理的方法，是由如增強理論（reinforcement theory）這種傳統學習原理，或是心理療法理論所提供的。

第二，根據學習障礙是由於尚未學好某種技能（skill）所引起的觀點。因此，從這個觀點來看，就要使用技能熟練方案。換言之，強調把學校或日常生活上需用技能，直接而有組織地教授的重要性。

這種觀點源自行為改變（behavior modification）理論，特別是操作制約（operant conditioning）及認知行為改變（cognitive behavior modification）的想法。因此，為行為改變的目的，採取各式各樣的策略。

1.基礎能力方案

前面已述及這個立場的想法，認為學習障礙源自中樞神經系統無適切發揮機能所致。毋需重複指出，中樞神經系統若有問題，自然影響受容刺激、處理刺激的能力。受影響的心理學機能包含知覺、心理語言能力、認知等領域。自基礎能力障礙的觀點，認為形成學習障礙的原因，為基本性的心理學的過程，在獲得改善前原因仍然繼續存在。因此，治療教育究竟要以促進成為問題的能力的發展，還是以補償作為目標，使成為取捨的關鍵。

(1)知覺與其相關的運動機能障礙

　　把學習障礙，特別是讀、寫問題的原因，求之於感覺刺激的認知或解釋能力，及刺激與反應的協調能力的缺陷，這類研究或教育，早有長久的歷史。格路特斯典（Goldstein, et al.）可以說是這類觀點的先驅者，其後，勒德年（Lehtinen, et al.）等人依循這個觀點，發展 1950 年代被廣泛引用的治療教育（Adelman, 1986），例如，柯力刻相克（Cruickshank, W., 1961），奎巴特（Kephart, 1960）針對學習障礙的原因可能在於身體部分或機能上的知覺，這類學習障礙的改善，主張訓練有關身體的意識或協調。換言之，依照語言的指示反應動作，如特定身體的某部位，或抓、揪或投、擲或依指示步行。

　　這種訓練法所設計的知覺—運動機能，有以下種種：邊利性（laterality）與方向性、平衡與姿勢、運動協調、形象與背景（figure-ground）知覺、空間的位置、知覺—運動協調、感覺統合、律動、耐久性與柔軟性、身體意象（body image）與分化、移動運動、視野的調節、形的恆常性、空間關係、聽覺與視覺的統合、觸覺與運動的統合及機敏性。這些機能的訓練，幾乎全在幼兒身上試過。譬如，模仿鴨子、大象走路，兔子跳躍、跳繩、走平衡木、溜冰、描畫、塗顏色、剪紙、折紙、律動遊戲等等，利用遊戲形式的活動為主。

(2)心理語言與其相關的能力障礙

　　與前述知覺—運動障礙相同，有關讀、寫、說等語言機能缺陷的研究，也有長久的歷史，其嚆矢源自 1920 年代奧頓(Orton, S.)與華那特（Fernald, G.）的指導（Adelman & Taylor, 1986）。不過，真正著手研究阻礙語言發展與學習的原因，即盛行於 1950 年代至 1960 年代，這段期間，很多研究者進行有關語言學習問題的研究。

　　譬如，強調中樞神經系統的紛擾，將會妨礙來自感覺的資訊受納以及理解資訊的過程。這個處理過程，命名為感覺通道（sensory modality）。因此，當閱讀出現問題時，就會想到聽力或視覺上有通道軟弱的可能性。一旦真的發現它，就進行強化感覺通道的訓練。讀的指導，重點擺在通道的強化，以及包含運動感覺，或觸覺的感覺通道的組合。這樣的訓練，包括以下的種種：聽／視覺的受容與閉鎖、聲音與符號（symbol）的結合、聽覺與視覺結合、聽／視覺的繼次記憶等。

2.技能熟練方案

　　據這個想法，改善學習障礙的唯一方法，是讓他學習未熟練的技能。這種觀點植根於典型的行為主義，從行為改變原理可以發現治療教育的原理。某些技能對於學業最少也成為先決條件。譬如，集中注意或依指示而行，可看

做先決條件。這種方案是由有關閱讀或數學的技能一覽表所作成，稱之為技能階層（skill hierarchy）。

受到重視的訓練，有操作制約（operant conditioning）、認知行為改變。也進行依據目標教學、熟練訓練、技能的直接訓練。再說，學業之外也重視衝動控制，注意維持、遵循指示，選擇性注意，忍耐，忍受欲求不滿，適當的人際關係等訓練。

(1)行為主義的班級計劃（program）

自 1950 年至 1960 年，試著作成以行為主義學習理論為根基的班級模式。其後，到 1970 年代採用這個模式的學習障礙教育計劃（program）輩出。他們強調獲得期望的行為（適切發展水準且得以觀察的技能）的環境，及一貫性的強化。譬如，首先要清楚未熟練的技能，為學會這些技能，實施比較短的課題或訓練。從一開始就告知，只要能以特定的方式反應，便能獲得酬勞。經過一定時間後，評鑑兒童／學生的努力或執行結果，給予增強物（reinforcer）。獎品或遊戲，皆可用作為增強物。相反地，如果出現不是盼望中的行為時，自然喪失獲得增強物的權利。

一般而言，可用以下的型態強化（Hewett & Taglor, 1980）：

①準備兒童／學生喜愛的事物。

②捨棄兒童／學生喜愛的事物。

③準備兒童／學生厭惡的事物。

④捨棄兒童／學生厭惡的事物。

認知的行為改變思想，由於道格拉斯（Douglas,
1972）、麥菲柏姆（Meichenbaum, 1977）等人的努力，最
近比較能加入學習障礙的領域。站在這個立場，兒童／學
生本身監控自己的進步或改善，自己評價，強調準備預告
的重要性。譬如，面對強化注意力時，指導他能自己教導
自己：「停、看、聽」。一般是以應做的事情、應注意的
課題側面、成果的評鑑，及學習面對進步的自我強化等為
目標。

為學會這些認知的方略，必須要有下列階段：

- 第一階段：進行課題之間，教師要循著他的步驟給予
  說明，並顯示其過程的模式。
- 第二階段：依循教師在各步驟所提示的指示或說明，
  兒童／學生執行課題。
- 第三階段：在自我引導下，執行課題。此時，剛開始
  要發出聲音，然後逐漸低音量。
- 第四階段：幾乎已不發聲音的執行課題。

(2)技能階層、行為目標、技能監控

從技能熟練方案的觀點，強調以下三點：

- 應學習的技能，其發展的後續階段。
- 在具體性的行為上，所期望的結果（目標）。
- 慎重監控步驟的適切性及已學習事物之評鑑，供做下

次訓練步驟的計劃基礎。

在這種預期下，研訂出來的治療教育，有 DISTAR
（Englemann & Bruner, 1969）的教材計劃（program）化；
像 IBAS（Meiyen, 1976）依據目標的策略，也有學習能力
階層（Hewett, 1968）、熟練訓練（Lindsley, 1964）、應用
行為分析（Lovitt, 1975a, b)、直接教學策略（Stephens, 1977)
等等觀點。

這兩種觀點，即使有所不同，但在實際的治療教育上，
仍舊依據技能及干涉行為分析為基本，作成計劃。其方法
是以強化程序，或剝奪，或厭足等行為改變原理為根基，
設計出來的。

其內容不外是技能學習，增加期望行為，設法減少不
想要行為。特別把焦點擺在除去妨害學習的行為，如上課
中交談、注意散漫等等。

基本能力方案，長久以來一直支配學習障礙教育。但
是，隨著採納行為主義的方略，教師的關心比重漸漸移轉
到技能熟練方案上。譬如，某個特殊教育刊物（Academic
Therapy, May, 1982）所舉出的十三種有效的教育方法中，
站在基本能力方案觀點者，就有十種之多。

1970年代至 1980 年代，日漸抬頭的認知心理學（cogni-
tive psychology），採取名為學習策略（learning strategy）
的觀點立論。這個觀點在強調心理機能，可以說跟傳統的
基本能力方案有密切的關連。但是，在實際使用型態上，

又跟技能熟練方案相類似。換言之，不把兒童／學生視為欠缺基本的能力，而看成尚未學習特定技能，或認為無法有效使用一般性的學習策略。

所謂學習策略，可以如此定義：「經由各個相關的場所，以習得、操作、統合、儲藏、檢索資訊為目的的技術、原理、法則。」（Alley & Deshler, 1979）。試舉一例，可以把它看做在學校也會教的閱讀方法。或者，像記憶術即可說是其例之一。這些方法，是利用視覺的、語言的心象或體系上的連續步驟等。這種學習策略，有複雜的各種方法，隨著時間延長，還可能會有新而更複雜的策略出現。

———————— 第三節 ————————

治療教育的決策

如同前述，學習障礙的治療教育或訓練，無論是理論基礎或是觀點都有種種差異，方法也隨著多式多樣。因此，那一種方法最理想，便成為選擇上的困難。這需由負責學習障礙的人依所接受的訓練，或是個人的經驗而作抉擇，但是，仍要依據評鑑論理的根據，或實際情況，或必要的相關訓練等結果，再做決定為佳。

1.論理的根據

不用多說，選擇何種治療教育的決定，務必要以對該問題所在、問題的解決方法、解決方法的有效性等，有充分的檢討和理解做爲基礎。這種檢討與理解，在決定之際可以提供有效的資訊和知識。想使論理的根據成爲確實的東西，首先要使理論和哲學體系（philosophy）明確，依據它，才能決定那項資訊或經驗該受重視（Adelman & Taylor, 1986）。

不過，由於下述理由，學習障礙治療教育想以其合理性爲基礎，決定其方法是困難的（Adelman & Taylor, 1986）。

①無法明確的區別學習障礙與其他學習問題，此事造成何種方法對於何種問題最有效果的決定有困難。

②任何治療教育，絕非僅使用一種方法。因此，無法辨別究竟是那種方法在克服學習障礙上確有效果。各種方法組合後的效果問題，目前尚欠缺這方面的研究，無法確定最好的組合。

③對於改善程度的評鑑，多數是對特定的行爲或短期間內的進步情形進行。至於對長期間技能改善或態度變化的評鑑，幾乎全看不到。欠缺這種包括性的評鑑，便阻礙明瞭在日常生活上引起變化的要因。

特別是辨別學習障礙的困難，成爲妨礙選擇前述兩種方案決定的原因。1970年代，對基本能力方案持批判觀點的研究者強調，有障礙的能力不可能改善；並指出技術訓練之前不必改善其基本能力（Hammill, et al., 1974；Arter & Jenkins, 1979）。但是，他們所引用的研究，包含各種的學習問題，因此結論也不能說依據基本能力方案的方法無效果，或者技能熟練方案的方法才適切。

據泰因達魯（Tindal, 1985）的研究，在十三件長期追蹤研究中，能過滿意的學校生活，可能讀畢高中者僅有三件。有兩件其學習障礙狀況稍有改善，但其他行爲問題還存在。可是，這些顯示長期效果研究，也不能說所研究的問題都是學習障礙。況且，認爲特定方法在理論上有效的研究，不少是處理他型的學習問題。這種事實正說明錯誤的學習障礙標籤何其多，同時也表示決定那種方法最妥善的困難情形。

這種事情，是由於學習障礙有關的知識、資訊過於貧乏所產生的事態。所以從兩種方案中妥切選擇具體方法加以使用的做法，被普遍施行。此現象稱之爲折衷主義（electicticism）。折衷主義在學習障礙的領域，讓人覺得似乎是期望所寄。學習障礙關係著複雜因素，不明瞭之點甚多，到目前爲止，可以說，無人可以獨斷（dogmatic）。

折衷主義有三種類型：**第一**是單純的折衷主義，它的立場是注意所有被提倡的新穎觀點或方法，無不採納運用。它既不考慮那種觀點或方法的妥當性，也不檢討新法與目

前所施行方法有無一貫性，只是單純的採用而已。**第二**是應用的折衷主義，它的立場是實際地試驗各種各樣觀點或方法的結果，才適宜地引入認為會產生效果的事態中。同時，認為適合自己哲學或觀點的所有方法，便視為屬於同一範疇（category）。**第三**是科學的折衷主義，它的立場是進行有組織的、理論上的分析和研究，企圖發展一系列的概括性的、綜合性的程序。

2.實際根據

面對學習障礙的治療教育或訓練，不能不考慮現實上的限制。因此，所採用的觀點或方法，不少情形是由那些實際根據而決定的。雙親察覺到學習障礙時，會向身邊的專家請求援助。一般都是找孩子的級任導師，有時是兒童諮商室或教育諮商室的諮商員（counsellor）。

導師的角色，由於能夠利用的教材，實施個案輔導所需的充裕時間，或顧慮其他兒童／學生等等會遭受各種各樣的限制。至於各個諮商室的諮商員，也不能忽略教材或為改善學習障礙的諮商技能等種種限制。隨立場不同，受制於現實必要條件下，甚至會妨礙跟理論根據相一致的治療教育的實施。

3.評鑑治療教育計劃

如同前述，對於治療教育的計劃，務必要做某些評鑑。評鑑的方法，隨兩種方案的不同而有若干的差異。

以基礎能力方案而言，焦點擺在發現知覺、記憶、語言、運動等諸機能的障礙上。因而，其評鑑便依存於各種形式的測驗。譬如，在美國對幼兒或兒童的測驗，往往使用 WISC-R（Wechsler Intelligence Scale for Children Revised）、視知覺發展測驗（Developmental Test of Visual Perception）、運動統合發展測驗（Developmental Test of Motor Integration）、心理語言能力測驗（Illinois Test of Psycholinguistic Abilities）等等。除外，也把標準學力測驗、個案研究、晤談、觀察等，當做評鑑的一環在實施。

史那特（Snart, 1985）的研究指出，目前評鑑方法上所用的測驗，未必是適切的。不過，此事並非表示這種測驗無法改善，或者無法開發新穎而適切的測驗。成為這些測驗的理論基礎，在基本能力障礙與學習障礙的關係上無法獲得明確的區分，自然會產生適當性的問題。

試舉一例說明，視知覺發展測驗（Frostig, et al., 1964）是個別測驗，也可以用做團體測驗，測驗時間是四十分鐘。由下列五種分測驗組合而成：①眼與手的協調（在固定的寬度裡，畫上各種線條）。②形象—背景（figure-ground）知覺（發現隱藏的圖形）。③形的恒常（與大小、方向無

關，認知幾何圖形）。④空間的位置（辨別回轉或逆轉的圖形）。⑤空間關係（連結點成線以描畫圖形）。

　　這個測驗成績差的孩子，為了促進知覺能力的適切發展，被認為必須接受訓練。菲勒斯狄克（Frostig, et al., 1964）等人作成跟各分測驗同樣的訓練課題，施予練習。例如，不會辨別 6 與 9，b 與 d 的孩子，使用圖 9 一類教材，進行辨別左右或方向逆轉等訓練，其結果成功地讓孩子能夠正確的辨別文字。

指示：從右邊四人中找出和左邊相同的人形

圖 9　辨別空間內位置之訓練教材（Adelman & Taylor, 1986）

　　對於這樣的測驗，沙魯比亞（Salvia & Ysseldyke, 1981）等人，指出其關鍵問題在於：①欠缺可信性：隨實施的方法，分數就有差異。②適切性的疑問：五種領域不能被認為能夠測定個別的能力。因此，這個測驗未必能測驗視知覺的缺陷，所以，據測驗結果所做的訓練，就結論而言未必適切。目前對於知覺辨別能力訓練的必要性，並無多少異論。但是，對於應準備那些訓練和內容，卻意見不同，議論紛紛。

　　與此基本能力方案相對的技能熟練方案，是依據標準

學力測驗、技能診斷測驗，觀察日常學習活動，目標準據評鑑等進行技能的測定。這些評鑑方法中，沒有一種被一致地認為最理想的。不過，人們注意到應用行為分析（applied behavior analysis）時，所用的程序。這種程序，是若干被指定的行為、訓練法、環境因素等，在同一時間內，直接的，且個別的、連續的測定。因此，步驟非常複雜，務必要利用電腦。

試舉其例之一，以哈吉特（Hackett, 1971）的基準閱讀法（criterion reading）為例。這個測驗雖隨閱讀能力的程度而有所差異，但仍須費數小時。內容以四百五十項技能為基礎而成，分類成如下的八個領域與五個階段。

①運動技能（motor skill）：如使用鉛筆、繫鞋帶、走平衡木等要運動的項目。

②視覺動作協調（visual input-motor response）：需要形或色的配對（matching）項目。

③聽覺動作協調（auditory input-motor response）：找出起初的音與協和音的項目。

④音韻組織（phonology）：要求讀音標、子音，分辨它們的組合、分類、使用、創作等項目。

⑤構造分析（structural analysis）：單數所有代名詞的分類，單數型與複數型的法則使用，分析單語音節的規則等項目。

⑥語言資訊（verbal information）：概念與事實的明確化、分類、使用、創作等項目。

⑦文章構造法（syntax）：動詞、主語—述語機能的分
　類，句讀法的使用等項目。

⑧理解力（comprehension）：語言的分析、綜合、評鑑
　等項目。

　　這個測驗的成績不佳時，便使用針對目標的作業練習
簿（work book），訓練至到達一定的水準。這個觀點的基
本假設，乃是無法學習某種技能是無理由的，採取這種直
接的教學，正是使其學習某些技能最妥善的方法。不過，
這個方法也跟基本能力方案評鑑方法一樣，在信賴性或適
切性上受到同樣問題的質疑。

　　然而，比較之下，技能熟練方案所採用的測驗，比基
本能力方案所用測驗，受到的批評似乎較不嚴酷。有人質
疑對於學習障礙評鑑所用的測驗，在較低的測驗成績表現，
是否跟動機的低弱或強烈的不安有所關連，倘若此事是事
實，則對於多數有關學習障礙的研究結果，將成為毫無意
義的事情。

　　在此種情況下，恐怕免不了會有不適切的處理方式。
譬如，為克服妨礙學習的心理問題，同時說不定已犯了浪
費學習當中的技能訓練時間與努力的錯誤。再說，現在所
用評鑑方法，令人不安的是它是否偏限於狹小而受限制的
因素上。換言之，為使治療教育成為可能，就應該要能超
越單純評鑑才成。亞雷路曼（Adelman & Taylor, 1986）等
人，把期望中的評鑑過程，以圖 10 表示。

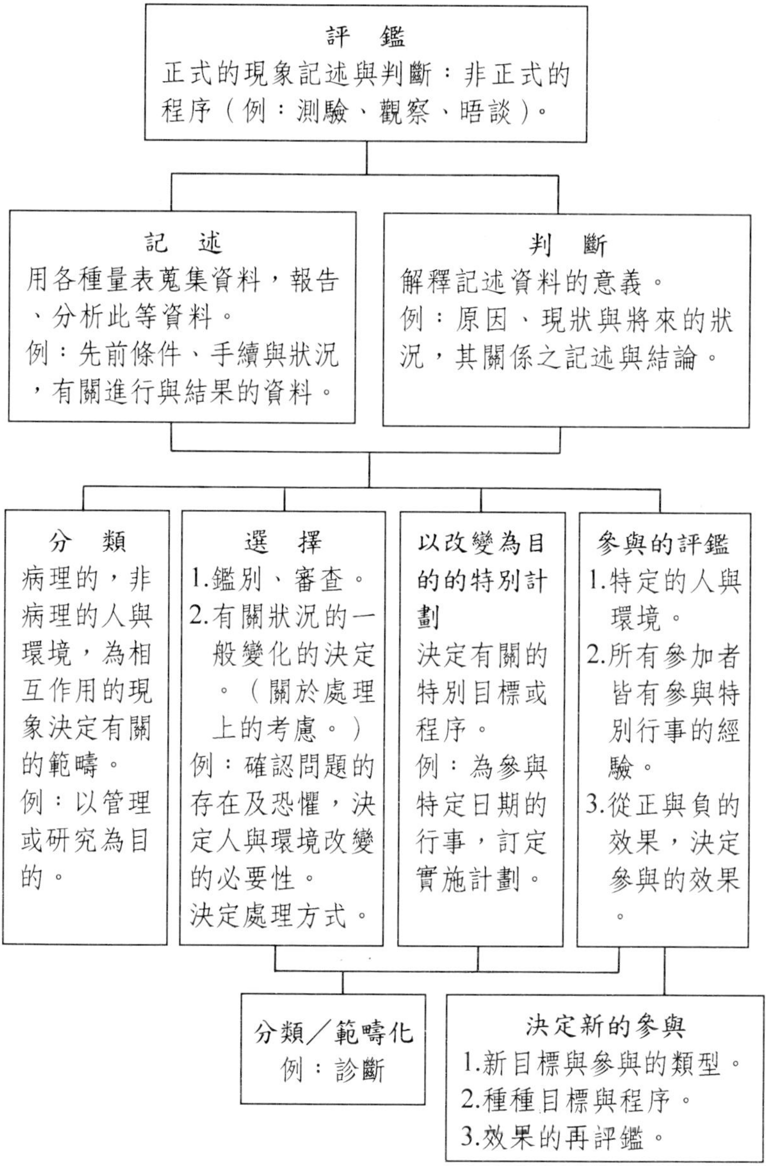

評　鑑
正式的現象記述與判斷：非正式的
程序（例：測驗、觀察、晤談）。

記　述
用各種量表蒐集資料，報告
、分析此等資料。
例：先前條件、手續與狀況
，有關進行與結果的資料。

判　斷
解釋記述資料的意義。
例：原因、現狀與將來的狀
況，其關係之記述與結論。

分　類
病理的，非
病理的人與
環境，為相
互作用的現
象決定有關
的範疇。
例：以管理
或研究為目
的。

選　擇
1.鑑別、審查。
2.有關狀況的一
般變化的決定
。（關於處理
上的考慮。）
例：確認問題的
存在及恐懼，決
定人與環境改變
的必要性。
決定處理方式。

以改變為目
的的特別計
劃
決定有關的
特別目標或
程序。
例：為參與
特定日期的
行事，訂定
實施計劃。

參與的評鑑
1.特定的人與
環境。
2.所有參加者
皆有參與特
別行事的經
驗。
3.從正與負的
效果，決定
參與的效果
。

分類／範疇化
例：診斷

決定新的參與
1.新目標與參與的類型。
2.種種目標與程序。
3.效果的再評鑑。

圖10　理想的評鑑過程（Adelman & Taylor, 1986）

改善學習障礙無王牌

　　據研究醫學者的說法，診斷或治療學業低成就時，認定醫學就是最後王牌的想法，根本是錯誤的。其理由不外是（Lennard, et al., 1970）：

- 藥物會產生生理上的損傷。
- 藥物發生意想中的作用後，其影響仍會殘存一事，常被忽略掉。

　　對於任何疾病或心理上的問題，能夠奇蹟似的治癒，唯有夢中始見之。即使有那樣的治療方法，也是極少存在。學習障礙的改善，同樣不例外，到目前尚無最後的王牌。任何方法都能得到效益，然而卻隱藏著不期盼的副作用，隨時會引起危險的風波。

　　學習障礙的評鑑或處理時，最不希望看到的影響是侵害隱私、鑑定錯誤、貼上標籤、差別與排斥、將來性的限制、過度依存、經濟的負擔等。實施治療教育時，應盡量減少不希望發生的影響，試著保證有益的效果遠大於所受的損害，這些事無需多說就可了然。

　　對於尚無決定性治療方法的疾病或心理上的問題，一旦有新穎的方法出現時，就極想試試新法的心理，正是人

之常情。特別是由特定領域的專家提出的新方法，更會有強烈的渴望試一試。但是，遇到這種情形，必須要有探究它有無不良副作用的態度。譬如，用之於學習障礙或過度活動的食物控制（diet）或大量給予維生素的治療方法，讓人覺得似乎沒有任何副作用。何況這種方法的提倡者，也再三強調它有效無害。

然而，醫學專家有如下的警告（Sieben, 1977）：

(1)關於特殊的食物控制

- 使當事者漸漸覺得自己和他人是不同本質者。
- 為提供這樣的食物，親子間會發生糾紛。
- 有時會排除有效的食物。
- 有時會成為忽視更有效果之處理方式的原因。

(2)關於給予大量維生素

- 大量給予維生素A，引發腦的浮腫。
- 集中給予維生素C，引發腎臟結石。
- 維他命B_6或菸鹼有引發肝臟障礙的危險。

食物控制或大量給予維生素的有效性之研究，人們對於可能產生的副作用往往不屑一顧，也不加以檢討。因此，有希望者僅停留在有希望的狀態，就像危懼也僅以危懼終始。

大家公認為有效的頗多治療方法，也常被發現有明顯

的不良副作用。譬如，醫師的處方中給予興奮劑，也指出它會引發味覺或睡眠的障礙，焦躁、身體生長遲滯等副作用；然而，卻從來未嘗考慮過這樣的處方，將會引發焦慮症候群。這種遺傳性的症候群，其特徵是全身運動性抽搐或胡言亂語，伴有語言反應等不隨意發聲的痙攣。1983 年美國醫學會學報（The Journal of the American Medical Association）三月號，刊出 15 ％的焦慮症候群孩童，是在治療過度活動或注意散漫時使用刺激劑引發的。此事正表示，給予具有焦慮症候群素質的孩童刺激劑，是有相當大的危險性。

即使把這種明顯的有害影響另當別論，可是那種令人不知不覺的情況下，不希望有的影響，潛入日常生活的危險的確不少。史各拉克（Schrag & Divoky, 1975）等人嚴厲批評生產治療學習障礙的藥物製藥公司，指出：「有關學習障礙的醫學上或一般人的意見之形成，絕不可忽略製藥公司所擔任的角色和任務。這裡所談，不是為了讓醫師或雙親相信，醫療足以解決學習或行為上的問題為目的的宣傳活動（campaign）。而是說明藥商的主要任務，在於建立孩子的多數怪癖為醫學上的問題的觀點。使用藥物治療學習障礙，特別是輕微腦障礙或過度活動，跟病情的惡化有明顯的關係。」

❋ 第五章 ❋

學習障礙的教育體系

決定學習礙障教育方法的基本觀點

　　規劃並實施學習障礙兒的教育之際，就基本觀點而言，可舉出「限制性」這一個概念（Lerner, J. W., 1985）。它反映在處理的方法的位階或環境的理想狀態上。

　　美國法規上清楚規定，學校必須為有障礙的兒童／學生準備適合處理的位階之理想環境。此事意味著學校必須準備妥當，能夠滿足各式各樣的障礙兒童／學生的需求之教育環境。由此可知，有關學習障礙方面也不例外。下頁表5，是依據限制性（restrictiveness）的程度，列舉處理的方式。這裡所用「限制性」一詞，是指跟健康正常的兒童／學生接受同樣的教育，在程度上比較少而言。亦即，跟健康正常兒童一起接受教育的場合，可說限制性最少，但若僅是障礙兒童／學生的教育或處理時，便會受到限制。當要決定學習障礙的教育方法時應加以考慮的因素，有生理年齡與學力，必須參與的個性化與程度，篩檢(screening)的期限、學習障礙的程度等。

　　務必讓學習障礙兒童／學生將來到一般社會也能愉快地發揮個人的機能，所以務必得經由與健康正常兒童／學生相處的經驗，以幫助他們將來易於融合（integration）。因此，就需要準備前述限制性小的環境。換言之，在某程

表 5　處理學習障礙方式的位階（Lerner, J. W., 1980）

類　　　　　型	處　理　方　式
普通班級	跟普通兒童／學生同樣上課。
在普通班級中，接受間接的輔導	在普通班級內，由級任老師幫助他促進學習。
在普通班級中，直接的輔導	在普通班級內，由專門教師輔導教學、學習等相關活動。
資源教室（resource room）	在固定的時間，到特別設置的教室，接受特別授課。
特殊班級	整天在特別設置的班級內由專門教師特別教學。
私立日間學校	白天或固定時間，上特別為改善學習障礙而私設的學校。
特殊學校	為學習障礙兒準備特別的教育計劃（program）的學校，全部公費，兒童通學。
公立養護學校（residential school）	為學習障礙兒的教育，特別設立的公立學校，可寄宿或收容學習障礙兒。
私立養護學校	為學習障礙兒的教育，特別設立的私立學校，可寄宿或收容學習障礙兒。
醫院用教育計劃（program）	公家為入院學習障礙兒所準備的教學。
訪問授課	為無法上學的兒童／學生，教師前往各家庭授課。

度下，學習障礙兒與健康正常兒應一起接受同樣的教育。這種事情意味著，面對處理方式的決定之際，必須要為各個不同的學習障礙兒，考慮限制性小的環境。

　　環境的限制性、學習障礙的程度、處理方式的位階，其相關情形如圖 11 所示，形成金字塔型（Lerner, J. W., 1985）。從圖可知越趨向頂點越受限制，處理方式也越跟健康正常兒不同。這是表示學習障礙的程度越嚴重，環境和對待處理方式也越受到限制。第二章介紹的個案會議，正是把各種各樣的對待處理方式，從中選擇認為有效而適切的若干種方法，推薦給教師及當事者等人採用，其結果若認為有某程度的改善，便產生改變教育方法的需求，再研究決定適合新教育要求的處理方法。

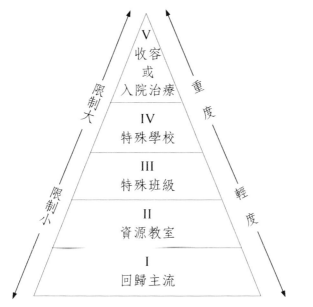

圖 11　限制性與學習障礙程度的關連（Lerner, J. W., 1985）

從上述限制性的概念，引起所謂回歸主流（mainstreaming）教育方法的誕生。方式是一天中最少要有某些時段，在普通教室嘗試社會性的、教學上的統合。這種教育學習障礙兒的處理方式，名為回歸主流。回歸主流採取若干種形式進行，大致有：

- 某些時段不施行根據特殊教育設計的教育，僅由普通的教師，在普通教室進行教育。
- 由特殊教育的教師援助普通班級的教師和兒童／學生。
- 在普通教室與資源教室輪流接受教學。

像這樣的回歸主流有增加的傾向，但是由於排除特殊班級，有人批評就學習障礙而言，學校已不是適切的教育場所。更有人指出，對於重度的學習障礙而言，回歸主流正是嘗試經驗失敗滋味的最佳場所。

第二節

回歸主流的根據與問題

回歸主流在美國所以蓬勃發展，以及在各校急速普及的理由，可舉出如下幾點（Houck & Sherman, 1979）：

1.可防止孤立

無需多說，任何有障礙的人，在社會上同樣有他盡一

份任務的權利。不過，如果在特殊班級度過，得不到機會去經驗和健康正常兒交互作用的孩童，自然也無法獲得將來畢業後到社會時所需的技能。

2.可排除標籤的有害影響

標籤或分類，許多時候很有效益，但是，它會產生意想外的結果，也的確是事實。一旦貼上某種障礙名字，編入特殊班級，往往在孩童的心理上，造成重大的影響。再說，又像月暈效應（golem effect）影響教師的期待，變成助長學習障礙的惡化。

3.跟法律相一致

法律規定，考慮其程度，讓他和健康正常兒一起受教育。換言之，法律支持回歸主流的觀點。加上有人主張特殊教育的對待方式，就是一種差別待遇，家長應向學校請願等等，更加深刻的促進回歸主流。

4.促進普通教育與特別教育的整合

普通教育與特殊教育之間，回歸主流起了橋樑的作用，消除兩者間的隔閡。普通教育在哲學觀點的變化下，提高對個別差異的關心，使障礙兒的問題變得容易順應。學校

也應保持柔軟性，預備多樣的教材或媒體（media），只要能得到優秀的教師，這個整合的嘗試應該是會成功的。同時，回歸主流被認為正是助長整合的手段，可發揮它的功用。

　　回歸主流有上述各個優點，但並非絕無問題的。若缺少充份的準備、周詳的計劃、完善的追蹤治療時，其效果是無從期待的。若不能給予普通班級的教師種種援助和支持，他們並不具備有效率的輔導學習障礙所需要的技術或時間。況且，他們的施教對象不僅是學習障礙，還需要注意其他兒童／學生的態度、感受性等。讓健康正常兒理解學習障礙兒並認同為班上友朋而接納，這是必須經過一番教育的。換言之，讓健康正常兒認識學習障礙兒的行為模式不易改變，也無法防止障礙條件，但接納他們將有助於改善行為模式，有益於解決問題。

　　關於回歸主流，到目前累積不少的研究實績，可以綜合如下的結論（Salend, 1984; Schwartz, 1984）：

①普通班級的教師要處理學習障礙的問題，自然會感到不安。因此，必須把回歸主流作為處理上的過程中必須考慮的問題。換言之，需要組成教學小組，讓所有教師分擔責任。

②學習障礙兒編入普通班級時，需要給予援助。此際，為維持在特殊班級所獲得的學力，資源教室最有效果。針對此點，賴安（Ryan, 1984）指出，務必要有特殊班級的教師援助。

③不少的情形是，普通班級的兒童／學生無法好好接納學習障礙兒。因此，在健康正常兒與學習障礙兒之間，回歸主流有時也無法發揮集團的相互作用或接納性的功能。同時，由觀察得知，學習障礙兒有不模仿、不學習同班級社會行爲的傾向（Bryan, et al., 1983）。

④上課中的理想行爲，就回歸主流而言，是超越智慧能力以上的重要條件。爲求回歸主流成功，學習障礙兒需要具備那些特性？針對這項問題，普通班級的教師，特殊班級的教師異口同聲的提出下列各點：

• 能跟其他兒童順利相互作用，即和好相處。

• 能遵守班級的規則。

• 能有適切的學習習慣（Salend, 1984）。

因此，特殊班級的教師有必要設法讓他們獲得上述這些技能和班級行爲。

第三節

關於處理方式的位階

一旦鑑定爲學習障礙，便要考慮種種條件，如障礙程度、社會性技能、學習技能，對所採取的處理方法的適應能力等，始能決定具體的處理方式。因此，就表5所列處理方式的位階，稍做詳細敘述。

1.普通班級的輔導

如同前述，這是限制性最低的處理方式，也是回歸主流的核心。特殊教育的教師擔任這個班級的顧問（consultant），為兒童／學生準備教材，有時甚至可在普通班級上學習障礙兒的課。欲使此方式成功必須要有：慎重周詳的計劃、教師們的充分準備、團隊的努力、完全的支持態度等缺一不可。學習障礙兒如果只擺在普通班級成為物理的存在，自然無法跟學習障礙的改善相連結。再者，特殊班級的教師，為此更應為學習障礙的教育，扮演重要的角色。同時，為使在普通班級的輔導獲得成功，其他教職員或管理者等人的協助更形重要。

2.資源教室的利用

資源教室是在學校正常的作息下，僅在固定的時間，為實施學習障礙（或其他障礙）的評鑑和輔導，特別設立的教育性調度（setting）（Wiederholt, et al., 1983）。為改善學習障礙，最廣泛使用的方法，就是資源教室。課程在這個教育計畫（program）所過的時間、收容的兒童／學生數、教師的時間等方面皆富有彈性，可以說是它的特徵之一。有些學者傾向於把它視為構成回歸主流的一部分。

資源教室有如下的幾個優點（Lerner, J. W., 1985）：

①資源教室與普通班級可以設置在同一學校內，但是擔任輔導的教師，不是固定在一定班級內。因此，他能和全校所有教師合作，擔負學習障礙兒的輔導。資源教室的教師時間較爲自由，能夠進行種種工作。

②學習障礙兒可以和其他各個兒童互動，並從互動中獲得理想的影響。

③從資源教室的教師和普通班級教師的合作中，可以預期教育計劃（program）將獲得整體改善的效果。

④在低年級的場合，可使輕度學習障礙的兒童獲得良好的調適，以防止變成重度障礙。

⑤資源教室彈性的教育計劃（program）容易適合整個學年進度。至於小學、中學、高中，其教育計劃（program）則是相異的。

⑥對待重度學習障礙兒的場合，也可以不必加標記。資源教室有時也以各式各樣的障礙爲對象，並不限定於學習障礙。

資源教室的教師資質，必須要有能力和熟練，並符合下列幾點要求：

①需跟其他教師或協助者保持緊密連絡、協調，再進行教育工作。

②能夠進行教育的、行爲上的評鑑。

③能爲資源教室的兒童／學生設計個別化教學方案(IEP)，並切實施行。

上述第一項，是有關人際關係的相互配合。後二項則是身為專家的能力期許。

安置於資源教室的兒童／學生，一天的大半時間是在普通班級度過的，因此，評鑑和輔導務必配合普通班級的要求。所以老師在編排資源教室的課表時，必須考慮評鑑、教學、晤談的所需時間。為加強資源教室提供的服務，作為教師的人力支援，可以徵募家長擔任義工，或請較高年級學生擔任義務服務員。為維持教學的柔軟性和變化，老師必須準備各式各樣的教材和教具。這些工作的進行，也是資源教師的職務之一。但，最為重要的工作，是適切的佈置資源教室，使它成為吸引兒童／學生最具魅力的場所。

3.特殊班級的教育

在日本，一談到特殊班級，所得到的強烈印象，就是為學習障礙兒童施行教育的場所。在美國同樣也有為學習障礙設置的班級。其原先是柯力刻相克（Cruickshank, W., 1961）等人為教育腦部損傷或過度活動孩童，當做示範班級而設立的。它是為減少環境干擾而設計的特別室，在這裡施行的教育是高度結構化的，是一板一眼、一絲不苟的。

現在，這類初期的班級特徵雖已消失，但它的本質上的某些部分仍受重視。例如，特殊班級的空間都較狹小，以可容納六至十名兒童／學生的條件限制下，準備多樣的教材。通常都以一至二名學習障礙兒為對象開始，新來的

孩童一般都限定為一次一人。換言之，在特殊班級的教育是在高度個別化的原則下，進行緊密的輔導、強力的教學。又如前面已述及，隨特殊班級的不同，有的僅以學習障礙為對象，有的收容行為問題或知覺障礙等其他障礙（這些都是至今仍舊依循之原則）。

過去，大部分的特殊教育皆在特殊班級內施行，但是，自 1968 年藍（Dunn）懷疑特殊班級的教育價值，發表論文指責特殊班級有不良影響之後，特殊班級的數目便急遽的減少。

目前，根據不少學者的研究結果顯示，我們有必要重新認識特殊班級存在的價值，特別是重度學習障礙兒的教育需求（Smith, 1983）。據這些學者的研究，指出學習障礙兒在特殊班中，比回歸主流的孩童，更能發展理想的自我概念。普通班級往往設定學習障礙兒無法達到的成就基準，因而有礙自我概念的形成。施米士（Smith, 1983）的報告也指出，在特殊班級的學生，其學業成績和社會性的發展，有呈現大幅進步的現象。教師面對少數學生，當然在學習上有更多時間施行個別化的教學。換言之，改善重度學習障礙所必須具備的強力而概括性的教育，在特殊班中適可應其所求。

設置特殊班級的目的，是希望障礙者在限制性小的環境中，充分發揮其天賦，使主動性的學習成為可能。為此，剛開始以較短時間參加普通班級的活動形式，藉此探究學習障礙兒回歸普通班級的可行性。當它可行時，再逐漸拉

長參加普通班級的時間。欲使這樣的回歸成功，特殊班級與普通班級的教師，務必維持合作的關係。同時，視實際情況，有時在移行普通班級之前，先要利用資源教室。

4.特殊學校的教育

在美國，為改善學習障礙（或其他障礙），有特別設立的學校，以私立居多。它有其歷史性的背景，在學習障礙未獲得公認的時期，這些機構只好由個人設立，收容障礙兒，施以適當的教育。有整天上課的，也有只上半天課的。

像這樣的教育計劃（program），問題就在於一天中，至少有數個小時無法和身心健康的兒童共處。況且，上下學要多花些時間，增加雙親的經濟負擔等，也都是缺點。

5.養護學校的教育

這是離開自己的家，在特別設置的場所生活，接受教育的作法。不分任何障礙，只要是情況比較嚴重者都能夠利用它。但在學習障礙方面，需要利用這種教育措施的兒童／學生畢竟不多。不過當無其他方法或家族間情緒反應不理想時，這可以說是改善問題的唯一方法。在日本，為改善重度智能障礙，或伴有家庭暴力而拒絕上學的情況等，也都會利用同樣的設施，人們稱之為教養所（residential therapy）。

養護學校原是為教養智能障礙者而設立的、古老型式的教育計劃（program）。因此，被指出有種種缺失。譬如，離開自宅，將會加深其障礙狀況。設施裡的生活欠缺生活規則性與一般的社會經驗，因而被認為對孩童的發展，將有負面的影響。即使有這些缺失，對某些學習障礙兒而言，養護學校的教育仍是最有效果的，無論是對學習能力的增進，或是周遭環境的適應等都呈現正面的成效。

6.其他的處理方法

學習障礙兒的教育方式，優先考慮的、最自然的一般方式，就是組合上述幾種處理方式。現在介紹若干不同處理方式的設計（program）。

(1)巡迴設計（program）

這是由擔任學習障礙的教師，巡迴若干所學校的方式。學習障礙的兒童／學生配合巡迴教師到校的時間，離開普通班級，接受特別的服務和輔導。巡迴教師的施教，有的學生是每天受教，有的一週中若干小時。每次進行三十分鐘至六十分鐘。為促使這種設計（program）成功，務必配合普通班級的作息時間表。譬如，輔導的學習障礙對象喜愛體育課，那麼級任教師在排課之際，就要把體育課和學習障礙輔導課錯開，以免衝突。再者，從普通班級帶走學

障兒的最佳時機，同樣必須加以注意。譬如，巡迴教師想輔導閱讀，那麼他的時間最好是普通班級的國語課。扼要地說，如果無法使普通班級的上課時間保持彈性，必然無法預期巡迴設計的成功。

(2)學前設計（program）

認知發展上，幼兒期的重要性，已由皮亞傑（Piaget, 1952）、布魯姆（Bloom, 1964）、凱岸（Kagan, 1976）等人明白地指出。譬如，布魯姆的研究，認知能力發展到四歲前後，已達 50％。因此，若能在這個重要的學習時期，及早發現可能成為學習障礙高危險群的幼兒，便能趁早施行補救措施，有益於學習障礙的預防。幼兒期發現學習障礙的徵兆並及時輔導，將有助於緩和學習障礙的形成，並有可能除去它。

論及幼兒的特殊教育哲學，強調教育的經驗會影響發展。就發展之遺傳─環境的爭論而言，重視環境或教育的參與。有關認知發展中科學上的遺傳─環境之論爭，自二十世紀初完成智力測驗以來就繼續爭議不已。簡單地說，爭論的主題在於：認知能力是安定不變，還是隨環境條件而得以變化的？

壬先（Jensen, 1978）支持遺傳論，提出遺傳決定智能的研究報告。據壬先的主張，認為欲改善智能而早期參與，必然會招致失敗。與此相對，支持環境影響智能的研究者，則指出環境會使智能產生變化的事實。因此，早期的參與

將促進認知能力的發展，使學業成績獲得改善（Reynolds, et al., 1983）。阿納史達賽（Anastasi, 1976）也在重新分析遺傳論所示智力分數的遺傳性指標後，提出了智力分數絕非固定的，會因環境的參與而產生變化的結論。

在認知發展上，遺傳與環境誰扮演決定性的角色，的確難以確定。寧可說，是站在生物學的立場，還是教育學的立場，其重視的方式就相異。無論站在任何立場，總不能說完全沒有另一方面的影響。事實上，遺傳與環境兩者，在認知發展上都有不可抹滅的貢獻。因此，如果說遺傳的影響高至 80 ％，那麼剩下的 20 ％便是環境的影響，反之亦然。由此可認識參與初期教育的重要性。

針對這一點，有關學習障礙發生原因的研究，是以各個型態的孩童為對象，進行研究的。如：文化上受剝奪的孩童、有醫學障礙的孩童、有語言障礙或遲滯的孩童、測驗結果認知能力低的孩童、學習障礙兒等。為探求這些問題的存在和原因，無論是使用何種評鑑和診斷方法，在這個年齡階段施行都是困難的，所以往往是同樣對待處理。因此，一旦發現了學習障礙兒，就需採取有效的措施，務必為幼兒的評鑑、診斷、教育、治療等，特別下工夫研究最好的方法。同時，身兼教師的雙親，其任務更為重要。

(3)國中、高中階段的設計（program）

對於中學生，自然應採取跟小學生不同的措施。學習障礙持續到了中學以上，會面臨更大的困境。因為到中學

階段，教師對於自己任教的科目或內容，必然比對學生個人更加關心。因此，很難讓教師理解，面對學習障礙的輔導工作必須要有的綜合性的觀點，以及充分的彈性空間等技巧。同時，老師更難以接受對既定的作息時間表時而變更，時而省略的安排，所以爲學習障礙所擬的教學計劃（program），在實際的執行程序變得困難許多。

　　況且，青年期在發展上正處於危機時期，這樣的特性會給予學習障礙者更不理想的影響。根據研究顯示，青年期學習障礙者的典型特性，有下列幾點（Deshler & Schumaker, 1983；Wiens, 1983）：

①被動性：常見的特徵是被動的學習者(passive learner)。面對解決問題之際，表現出學習無力感（learned helplessness）（Wiens, 1983）。因此，放棄嘗試解決問題，僅對教師的指示做出反應而已。

②不適切的自我觀念：從多次失敗或欲求不滿中，造成不適切的自我觀念或自卑心理。他們無法相信只要自己好好學習必能成功。這種欠缺成功的經驗，也容易引發情緒上的問題。（Blanton, 1984）。

③不適切的社會技巧：青年期的學習障礙，會妨礙朋友關係的形成（Kronick, 1981）。然而，這個時期的朋友關係和同儕的認同又極爲重要，所以容易變成引發其他障礙的原因。

④注意障礙：青年期的學習障礙，注意力散漫也可列爲特徵之一（Hallahan & Sapona, 1983）。上課中無法專

心聽講，加上長期的注意力散漫，影響學習效果越深刻。

　　思春期的特徵一旦跟上述各問題重疊，欲求不滿或荒廢狀態會變得更加極端，同時再加上學業成績的低劣也急待設法處理。即使是小學生，到高年級時也有同樣的跡象產生，只是到中學階段，情況又更顯惡化嚴重。同時，青年期也極易誤入歧途。據巴蒙（Berman, 1981）、凱利茲（Keilitz, et al., 1979）等人指出，問題學生中學習障礙者就占普通學生的兩倍。可見為了改善問題行為，也需要從學習障礙者的輔導著手。譬如，柯福特（Crawford, 1984）曾施行 55 小時至 65 小時的學習輔導，結果果真有意義地減少了問題行為。然而，僅由這些研究，畢竟還是無法確定問題行為的原因是由於學習障礙，或者還有其他共同的原因存在。

　　上中學後，學習內容變得艱難，學習障礙也被誇張。一般而言，學習障礙的學生會參加回歸主流的教育計劃（program），因此即使有障礙，還是要學習很多的教材，這就會對於學習障礙者本來就棘手困難的閱讀能力，造成過大的負荷和期待（Schumaker, 1984）。況且，教師各自擔任專門的科目，並不曾接受過有關學習障礙方面的訓練。因此，為提高對於學習障礙學生的需求或適應的靈敏度，應更加重視學習障礙專門教師的活動。

　　國中、高中的學習障礙專門教師應肩負普通教育和特

殊教育的橋樑責任。爲此，不僅要擁有關於學習障礙方面
的學識，更要精通青年期的心理和行爲問題，以及國中、
高中課程。同時要援助各科任教師理解學習障礙的本質及
各階段的改善策略。譬如，重度的書寫障礙學生，可同意
考試時改以口頭回答；學習遲緩的學生，能給予多些學習
時間等等，應和各科教師取得密切連繫。另外，學習障礙
教師還要和學生生活輔導主任、升學輔導教師密切合作。

學習障礙教師的任務

　　學習障礙教師的任務與工作，前面已略述，在此就一
般性工作，綜合說明。學習障礙教師應從事的工作內容，
如下所述（Lerner, J. W., 1985）：

①學習障礙的發現、評鑑、教育計劃（program）的擬訂
　與實施。

②和相關領域的專家檢討。

③參與個別化教育計劃（program）的設計工作。

④研討適切的教材和教學法並予以實施，實行直接性參
　與的教育企劃（plan）。

⑤和學生家長晤談或協商。

⑥跟普通班級教師協商，援助他們對有關學習障礙的理
　解以及有效的教學法。

⑦為克服學習障礙，輔導學生深入自我理解，以期獲得
　希望和自信。

　　為完成上述各項任務，要求學習障礙教師應具備如下
兩項素養：

1.專門教師的能力

　　無需多說，身為專門教師，自然應具備一切有關學習
障礙方面的深度知識和技術。這些能力包含：①學習障礙
理論、課程和教育計劃、教材等相關的知識。②有關會話、
讀書、寫字、數學、社會與情緒的技能等教育技術。③職
業輔導（Newcomer, 1982）。

2.人際關係的能力

　　以特殊班級為中心進行輔導的時代，這項能力尚不受
重視。但隨著學習障礙教育以回歸主流，或資源教室為中
心時，逐漸強調學習障礙教師的人際關係能力。現代學習
障礙教育計劃（program）的目的，認為屬於計劃上的全部
人員皆能發揮綜合的整體機能時，始能滿足需求達成目的。
換言之，統合組織上種種要素所需的方略，不外是相互作
用、交流溝通，及明確的共同目標等。因此，學習障礙教
師為使所有和兒童／學生有關連的各個人，能成為作業組

織上協調的一份子，發揮其機能，教師務必具備高明的人際關係技巧。

協商的原理

　　正是這樣地特別重視學習障礙教師的人際關係能力，因此教師面臨的一個困難課題就是協商技巧。特別是和級任教師的商談更為重要，因為學校全體若無法和諧地發揮機能，便無法期待能達到學習障礙教育的目標。此事意味著學習障礙教師不僅要和級任教師，還要跟其他的教師、校長、家長等協商。據賴安（Ryan, 1984）的研究，學習障礙教師應負責在學校內推展對待學習障礙兒的適切態度和應有的概念。

　　為使這樣的協商更有效果，應注意的事項，大致有以下各點（Haight, 1984）：

(1)共同的目標

　　每個人所使用的改善學習障礙教育計劃應有共同的目標，而且所有關係者應認識該目標。即使只有一人另有他種目標而參與時，必定會產生糾葛或不滿。

(2) 自由而明白的溝通 （communication）

有計劃的溝通組織，在以下的目的上會產生作用。例如，參加改善學習障礙教育計劃的伙伴之間，若能形成共同的理解，則對實施教育計劃過程中所產生的問題，就能夠有效的解決。若缺乏如此的溝通，將成為不滿或誤解產生的原因。

(3) 責任的明確化

為著避免發生各伙伴之間的糾葛和隔閡，應使每個人的責任分擔明確清楚。

(4) 解決糾葛

問題一旦發生，應設法當場解決。不能忽視而置之不理，或想藉權力以求解決。一切的資訊必須公開化，由伙伴全體共同謀求問題的解決。

(5) 時間與設備

為著規劃、實施、評鑑教育計劃，所需時間務必特別設定，同時更應保證該教育計劃能持續施行。

不僅是參與教育計劃的成員，為使學校內其他教師也能透徹了解學習障礙，應注意以下所舉各點：

(1)在職教育

　　對各班級任教師、校長、教務主任、學生輔導主任、學習輔導主任、其他一般教師等，必須試著給予啓蒙的教育，亦即有關學習障礙方面的在職教育。

(2)教學法或教材的演示教學（demonstration）

　　設定一定的試教期間，就教材及教材使用方法、教學方法、測驗等舉行演示教學。如此將有助於提高一般教師對於新事物的興趣。

(3)個案研究（case study）

　　深入研討特定的個案，有益於提供某種觀點或原理。此際，若能詳細列舉個案的評鑑，或參與的步驟等為例說明更加有效果。其他如電腦模擬裝置（computer simulation）的利用，也有其效果（Lerner, J. W., 1974）。

(4)臨床經驗

　　讓級任教師等有機會實際的經驗評鑑或教育，將有助於對學習障礙兒的深入理解。

(5)參加演講會或學會等活動

　　邀請專家發表演說，可提供新穎的觀點或新方法等相關的資訊。參加有關學習障礙的學會或研究會等活動，既

能增進新知、提高興趣，又能更新觀點、促進能力。

(6)教師支援小組（assistant team）

利用這個小組，讓教師在受委託前先參與學習障礙兒的諸事務，這被認為是很有效果的訓練方法（Chalfant, et al., 1979）。小組由三名選派的教師和受委託教師共同組成，這小組是由伙伴共同解決問題的團體，故又可稱作級任教師的支援組織。小組的目標在於給予級任教師活動上充分的發言權（initiative），讓他能思考有效的援助學習障礙的方法。經由小組研討，替級任教師準備好處理班級內學習障礙兒的技術。同時，這也是易於迅速進行委託，以及接受回歸主流的措施，讓特殊教育日後的追蹤治療（follow up）容易進行。

第六節

家長與學校的關係

這個問題不限於學習障礙，在障礙的改善或教育上，非常重視家長的任務。據拉納（Lerner, J. W., 1985）等人的研究，其理由不外是：

- 針對特殊教育的立法，以及種種教育計劃（program）的擬定，家長的任務顯得越來越重要。
- 近年來的法律，把有關障礙兒的權利託付給家長。譬

如：了解孩童全部心理教育資料的權利，學校研擬的
教育措施和方法之最後決定權等。

• 教師漸能認識家長在教育上，所負任務的重要性。

• 教師漸能認識學習障礙兒對家長的影響。

1.家長對學習障礙的態度

據研究，學習障礙兒的家長態度，與健康正常兒的家
長態度，有非常大的差距（Kinsbourne & Caplan, 1979）。
譬如說，學習障礙兒的家長態度，有過度的放任或過度保
護的傾向。根據研究結果，學習障礙兒的家長態度，大致
可分成三種：

a.第一種態度是拒絕，或無法接受子女是學習障礙兒

換言之，是愛憎交加，或接納—拒絕的關係。被拒絕
的孩童，不僅出現自我調適及適應障礙的困難，還有家族
關係的障礙，或情緒不穩定的問題。這些問題使這樣的孩
子比一般孩童不僅更缺乏受鼓勵的機會，還得經驗更多的
批評和挫折。

b.第二種態度是對於孩童的障礙，做過度的補償

這是非現實性的，缺欠柔軟性的過度保護。這類家長
期盼自己子女較優的能力部分能夠充分發展，因此熱中於
教育或訓練。

c.第三種態度是同時接納孩子和孩子的障礙

這樣的父母親，既能照料學習障礙兒日常的生活，又

能接受學習障礙兒特殊的教育要求。像這樣的家長，才有很大的機會能夠接納自己，面對障礙。

　　對學習障礙兒的家長，有很多情形必須要有精神醫學或心理學上的援助。精神醫學指出，孩子、家長、親人等務必都要能夠面對孩子的障礙，正視它的存在。能夠完全包容障礙，才能認知改善的過程是極為緩慢的事實。家長對於診斷的結果，不少情形是持否定的反應，或者伴有怒氣的。看情形的不同，為使家長能接納問題，以發展家長與孩子共同的感受和態度，構成適切的家庭關係，說不定有接受心理療法的需要。這類的援助，可由諮商者（counsellor）或社會工作者（social worker）進行（Klein, et al., 1981）。

2.親職教育團體與諮商（Counseling）

　　為培養家長健全的態度，加強家長和教師之間的合作關係，常運用的是親職教育團體和諮商。親職教育團體（parent education group）是由學校、家庭服務機構和專門的教育諮詢中心等組織而成。這是數名家長就共同的問題定期集會一起探討研究。由子女都有學習障礙這項共同問題的家長相聚一堂，自然能夠減少他們的孤立感。況且團體中既有專門的諮商者，又有學習障礙方面的教育專家參與，自然可期待團體諮商的效果。

家長諮商的第一階段，是克服對於學習障礙兒的初期感情。發現自己有學習障礙兒的家長，起初很容易產生悲歎、罪惡感或羞恥等心理。不久，它又變成困惑，有時甚至變為攻擊性的意向。對於這種初期的感情或反應，希望諮商者能夠給予援助。親職教育團體或諮商，可期待獲得如下的各種效果（Silver, 1983）：

①親職教育團體讓家長理解子女的問題，使他們易於接納孩子。參加這樣的團體，既可增強家長的自我認知，又可得實質上的援助。

②可緩和對孩子在心理的、教育的發展情形的不安。家長可以了解有學習障礙兒的人，絕非自己而已，刺激他更加努力去設法解決問題。

③認識孩子的個別差異，學習有效的處理學習障礙的方法。

④在親職教育團體經常提起的話題，不外是孩子的教養、溝通技巧、社會性的技巧、交友、家事、升學或就業、特殊教育問題等。

⑤家長的要求，在團體或諮商的過程上逐漸分歧。剛知道孩子有學習障礙的家長，和已多年對待學習障礙的家長，他們有不同的要求和關心。再說，幼兒、兒童、青年等各年齡階段，自然也會呈現不同的教育要求。

親師協商

　　親師協商（parent-teacher conference）正是學校和家庭之間的橋樑。起初，不管是家長還是教師，對於協商都有消極的傾向。那是因為家長擔心，不知教師會說些什麼，教師卻擔憂，不知是否會引起家長的拒絕反應。然而，協商被認為是可以提供援助孩童的重要機會，只要家長和教師共同的相互理解、合作無間，必有可能促進孩童的進步。家長和教師的努力一旦雜亂無章，這樣的努力在無共同的目標下，所發揮的機能，隨情況的不同，可能使孩子的學習障礙，更深一層的惡化。

　　藉著協商，教師可以靈活而不機械式的再度評鑑極想和他人交換想法及互相溝通的家長。同時，也可傳達對孩子誠摯的關心，以及對家長衷心的尊敬。教師絕不能妄自尊大，而能把信心傳遞給對方。對孩子的學習障礙避用專門術語，務需以穩靜的態度交換意見。

　　家長渴望理解孩子的問題性質，因而老師對於評鑑的結果、目前的教育方式等相關事項，有必要說明清楚。再說，老師仍須援助家長，使他能了解學習障礙的本質。

　　況且，家長也應認真尋求在家庭怎麼做才好的相關知識。據專家的研究，家長在家庭裡應教導孩子盡本分，不

應該插手援助教科書的學習。因為教科書的學習是很艱難的領域，若由家長教導，恐怕會產生在成人面前那一貫性的失敗傾向。何況，家長拿教科書教孩子，的確是不易對付的艱苦工作，可察知必然會遭遇欲求不滿。就算是學習障礙的專家，當他親自處理自己孩子的學習障礙時，也有人曾慘遭失敗。因此，一般家長輕易的嘗試親自改善孩子的學習障礙時，無論是對孩子而言，或是對家長本身而言，往往是有害的情形居多。教科書學習狀況上的壓力（pressure）或要求，會妨害家長在孩子發展理想的自我像之際所扮演的角色（Smith, 1980）。當家長想要挑起做家庭教師（tutor）的任務時，孩子等於喪失了家長，卻得到了凡庸的教師而已（Brutten, et al., 1973）。

跟親師協商同樣，以讓學生深入理解自己的問題為目的，也有學生—教師協商（student-teacher conference）的組織。到了小學高年級以上，學習障礙的兒童／學生開始會為自己的問題而煩惱。渴望有人淺易地說明自己的問題和教育企劃（plan），使自己能夠理解。學生—教師協商是應此要求而成立的，它可以減輕兒童／學生的煩惱和不安，有益於消除它。郝斯（Hayes, 1974）還為兒童／學生刊行說明學習障礙的小冊子。

給家長的忠告

布拉丹（Brutten, et al., 1973）等人為家長所寫的學習障礙說明書中，對於在家庭裡如何對待孩子的方法上，提出了如下的忠告：

①注意其本質的一面。把孩子定期的委託給有能力的保姆（baby sitter），家長應花點時間在培養其自立和道德上。

②別強制孩子參加成長上未成熟、能力未逮的活動。孩子為著討父母的歡喜而會消極的順從，或者反抗，或者不參加活動而有藉空想逃避的危險。強制孩子達成依據成人的世界所訂定的不適切標準，只會使學習變成痛苦不堪的事情。

③努力發現孩子的優點。找出天賦的才能，或未曾受損的領域，尤其重要的是給予成功的機會。就算是幫幫廚房的小工作或掃掃地等細小的工作也好的。

④給予孩子的課題務必配合孩子的機能發展階段。多想想孩子的問題，運用繪畫或圖片是很有效果的。

⑤多和孩子直接而積極的交談。譬如，當孩子不順從指示時，要看著對方再說一遍，務須反覆的再說一說。

⑥孩子的房間要單純的（simple），安排在家裡靜的角

落。希望那是一處輕鬆的（relay）、隱藏的場所。

⑦家中的日常生活盡量簡單樸素化。譬如，幼兒不易順應聲音、味道、景色等過繁過複雜的場所，所以用餐盡量在少刺激的地方最好。因此，剛開始可單獨用餐，然後逐漸和家人在一起。

⑧協助孩子了解必須要和其他孩子一起生活的事實。不少的學習障礙兒無法和其他孩子一起遊戲。因此，重要的是家長要積極提供那樣的社會經驗。

⑨讓孩子了解他具有獨立自主的價值。為此，孩子應受到尊重，但也要承擔自己所做的事情。換言之，務必讓孩子了解自己在家裡應有一己的責任，讓他學習如何成為家裡有貢獻的一份子。這些事比促進學科的學習，更加重要，更有價值。

以上的忠告，雖然是提供學習障礙兒的家長參考的，但為著防止學習障礙，它的內容也能適用於一般家長。為著更積極的培育將來學習意願旺盛的孩子，上述忠告也是相當有用的。

第六章

學習障礙與動機啓發

學習者與學習環境的互動

決定學習障礙是由於學習技能上的問題，還是由於消極的態度為原因，的確是很困難的。

不過，當某個學習障礙兒說：「我討厭數學。」因而不願花時間去學習數學的場合，想要了解其原因是由於學習技巧的不適當，還是由消極的態度所引起，這倒沒有多大的困難。

要決定某個孩子是否有學習障礙時，重要的是要從他所表現的學習意願狀況來尋找。當孩子勉勉強強只是形式上的敷衍一下，自然無法看出他的狀況。即使是想了解他會些什麼的情形，也不過是能夠知道孩子願意表示的能力而已。因此，恐怕只是捕捉到孩子所願顯示的能力，或者是學習上的努力有所欠缺等錯誤情況。像這樣的資料，在評鑑時，絕不是大家所想要的資訊。但是，如果這時匆忙的下結論時，就可能成為學習障礙。可是實際上，是否真的是學習障礙，的確難分清楚。

在學習障礙的治療教育上，準備啟發學習興趣的計劃（program）是極重要的部分。為此，必須要為學習障礙兒現在的能力水準和期望達成的類型，安排最適合的情境。換言之，學習障礙第一階段的治療教育，可以說是由正確

地明瞭他們的動機和發展的特徵出發的。若想滿足第一階段的要求，必須了解學習者與學習環境的交互作用（interaction）。

　　兒童／學生對於上課的反應是各式各樣的，就常識上而言，各個兒童／學生是以個人形形色色的不同背景面臨授課場面，所以也可認為各人是以不同型態經驗授課。可是，這樣的觀點欠缺一項事實，就是各個兒童／學生經常各自在變化，同時授課場面也時時刻刻在變化，尤其這些變化也在交互作用。這種事實如圖 12 所示。

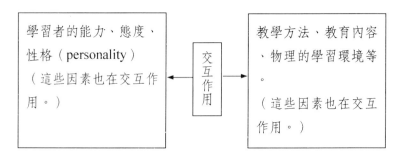

圖 12　學習者與學習環境的關係（Adelman & Taylor, 1986）

　　像這樣交互作用的結果，才能決定他是積極的學習者，還是學習障礙者。這個交互作用的結果，雖然是各式各樣的，但是大致可以分類成下列的學習型態（Adelman & Taylor, 1986）：

　①脫軌學習（diviant learning）：能力或態度都有所變化、發展，但不是理想的方向。

②崩壞學習（disrupted learning）：表現妨害學習以及能力減退。

③遲滯學習（delayed learning）：能力上幾乎完全不發生變化。

④促進學習（enhanced learning）：能力、態度都往理想的方向變化、發展。

第二節

學習者

任何兒童／學生，每個人都是以過去所積蓄下來的能力或態度為背景，來到課堂上課的。同時還受到來自目前生理的、心理的狀況影響。孩子以天賦的資質為基礎，經過若干年才獲得各種各樣的能力、價值、期望等。這積蓄而來的能力或態度，就成為下次學習的基礎。但是孩子們並非每天都以相同的條件或態度，到課堂接受教師的教學。既有充分休息過的時候，也有極為疲憊的時候；有吃得飽飽的場合，也有餓著肚子的場合；有精神貫注認真上課的情形，也有心有旁鶩儘想著下課時間的玩樂或放學後的計劃等情形；有以幸福心情來到教室的時候，也有內心憂傷的時候。上述種種實際的狀態對於集中注意或學習都有巨大的影響，相信這是誰都有過的經驗。

關於營養與健康的狀況，各種過敏症（allergy）、頻

繁的生病、容易興奮、注意散漫等與學習障礙的關係,曾
進行了許許多多的研究,這正顯示著學習者現在生理狀態
的重要性(Dykman, et al., 1983)。同樣,關於恐懼失敗、
高度不安、反抗教師或學校等因素與學習障礙關係方面的
研究,則顯示著學習者心理狀態的重要性。

研究指出,我們會受自己的行為影響,它又進而影響
思考和感情(Bandura, 1978)。上課中,心情無法定下來,
或是睜不開眼似的好睏好睏的場合,一定會想了解一下原
因或理由何在。其結果,如果發覺當天比較熱,或是上課
無聊時,便會達成教室內室溫過高,或是課程枯躁等結論。
同時,這樣的兒童/學生的行為,又會影響學習環境。譬
如,當他開始瞌睡時,教師必然對他有所反應。

有些學習障礙兒的背景和其他兒童有相類似的情形,
就算有相異的狀況,對於有關學習障礙的原因,也能夠建
立一般性的假說。但是,其假設和特定個案不相符合的情
形卻不少,無法在所有的理論情境下獲得認同。因此,為
著檢討這個假說,便得進行測量兒童積蓄的能力、態度、
現在的狀態等測驗。可是,測驗有其限制,為擬定學習障
礙治療教育計劃(program)的需要,也得引用其他的評鑑
方法。這樣的評鑑方法,可舉出在強烈的內在動機條件下,
來自學習者的報告,或是行為、成績等的分析。

學習環境

　　考慮有關學習環境時，首先浮現心頭的不外是教學過程、教材、成員結構、活動、設備等等。再說，就是擴大考慮到社會、文化等層面時，也有看成各個環境以各自的個別存在，各自影響兒童的傾向。不過，有研究者藉著假定的關連學習之環境層次（圖13）想要說明環境的相互關連與學習者的交互作用（Adelman & Taylor, 1986）。

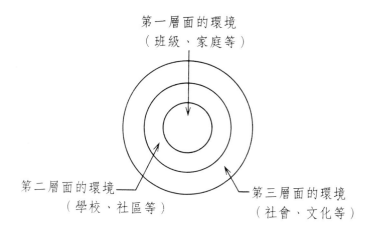

圖 13　關連學習的環境層次（Adelman & Taylor, 1986）

註：越接近中心，對兒童的直接影響越強烈

據他們的觀點，班級內的兒童／學生能夠經驗由教師、其他兒童／學生、教材、設備、照明等組成之物理的、社會的精神環境。這部分稱為第一層面的環境（primary environment）。

同時不難聯想到學校規模、一般的概況、學習者的體型和體重、社會經濟的地位、近鄰的狀況等等的影響因素。這些部分稱為第二層面的環境（secondary environment）。至於學習者所居住的社會或文化的價值、觀念、規範、習慣、政策等的作用，也需要加以考慮，這部分就叫做第三層面的環境，成為距離班級的學習環境最遠的存在。不過，就現實觀點而言，也可以說它具有強力的影響。將亞雷路曼（Adelman & Taylor, 1986）等人視為第一層面的環境，且會深刻影響學習的環境變數，整理成表6（見下頁）。

正如眾人周知，物理的環境在學習上扮演著極重要的角色。譬如，像黑板、課桌椅、教室大小、溫度等，凡被認為會影響學習的，為著促進學習效率，無不下最大限度的工夫做種種的改進。

然而，影響兒童／學生的學習更大者，應該是社會的環境。就小學低年級而言，級任教師是最重要的存在。此外，其他許許多多的事項，如引起注意與競爭、獎賞需求、關心友伴所做的事情、憂懼同學使壞或欺負等等事情，既是班級內的社會經驗，又深深影響學習。

談到教學過程和教學內容，自然也會對學習者有強大的影響。就學習者而言，他最需要的是配合其能力的個別

表6　影響學習的第一層面環境變數（Adelman & Taylor, 1986）

環　境　變　數		例
學校的地區條件	組織	成員結構；兒童／學生的團體結構
	地域、自然、規模	地理特質；建物特徵、教材教具；兒童／學生數與密度
	風氣	物理的、社會的、知性的、政治的、道德的風氣
關係者的特性	公共的任務	教師；兒童／學生、家長；和特別社團的關連
	人口統計	城市／鄉村；社會／經濟的地位；男女比例；年齡結構
	現在的動機或發展上的個別差異	有能力感、對自己以及他人的認知
	用於特性判斷上的基準	絕對的／相對的標準；成功／失敗；心理的、社會經濟的基準
課題——過程——結果的特性	一般的特性 (1)量的 (2)質的	達成量；持續期間；步驟(pace)；比率；必要的人數 基本的理論；內在的／外在的價值；合作與競爭；實際的或被認知的問題。
	課程與結果的特定類型、領域、水準。	現在的組織課題；執行現在的課題所必要的條件；治療教育；發展
	特別的過程 (1)方法與模式 (2)工具(tool) （行為、經驗、教材）	援助、社會化；機械的、行為的、人性的；參加者的任務；組織的性質 溝通、訓練、學習；教科書、作業簿；視聽覺—電腦—演示；遊戲或競賽
	技術	各種工具(tool)的特性或適用方法；強度、期限、類型、線索的變化；組織的／非組織的回饋(feedback)、報酬、處罰

化教學，同時教學過程和教學內容又要能夠適合各個兒童／學生的動機體系，這些在學習上都扮演重要的角色。擔負學習障礙的治療教育工作時，必須把握上述各種學習環境。再者，這些教育環境是比較容易進行客觀的測定，但是，若想對於學習者的學習環境進行認知方法上的評鑑，的確不能不說是很困難的課題。不過，卻不得不說它才是真正了解學習障礙原因所必須的條件。

—————— 第四節 ——————

學習環境與學習者之間適宜的交互作用

上述學習環境若在條件貧乏的情形下，它與學習者的交互作用，自然會產生不理想的結果。這種情形，可以視為學習者與學習環境互相不適宜。這類不適宜，可舉出刺激過少型、刺激過多型、絕對的要求型等三種。

有的環境，對孩子幾乎全無刺激。這樣的學習環境，是只要利用過去所獲得的能力，已經足夠應付的場合，新的學習便無法成立。這種狀況一旦持續長久，學習的領域就無法擴大。相反的，也有超越孩子能力或技能以上的刺激或要求的環境存在。在日本，這種環境或者可以說只是普通的環境而已。在這樣的學習環境下，雖然會產生學習，但是不能說是理想的環境。譬如，吩咐某學習障礙兒做練習閱讀，他卻設法用種種理由做藉口，而不服從教師的指

示。為著適應環境，為著克服當時的要求，有時會試著採取非本質的方法。上述學習障礙兒逃避閱讀的練習，正是這種嘗試；他所學習的新方法就是欺騙別人，讓人混淆不清。這個孩子的確促進了學習，也學得新的技術，不過任誰也不會認為這是理想的學習。這位學習障礙兒所學到的，正是所謂的脫軌行為。

再說，又有一種要求是絕對的，是無法看出用什麼方法處理其狀況的環境。長久處在這種要求過高的環境，不是中止機能的作用，就是陷入無法補償的絕境。譬如，某學習障礙兒的不安感逐漸增加，孤立於社會，變成受責難的對象。當他面對新的學習，必然引發煩惱。為此，他逃避到自己的內心。如此他不僅無法學習新的事物，連過去所學習的也變成不確實的。換言之，往日會讀會寫的文字，也失去了確實性，他已不願再讀出它的音，寫出它的字。

如果能夠準備好適切的學習環境，最低限度對於所要求的事物能很容易學習。像這樣的情況，學習者與學習環境的交互作用，就算不是最適宜的，也能夠期待理想的結果。亞雷路曼（Adelman & Taylor, 1986）等人，把學習者與學習環境之間的交互作用，搭配前述的學習類型，就三者之間的關連，用圖 14 表示。

學習者←──→環境　　　　＝學習類型＝能力、態度的變化

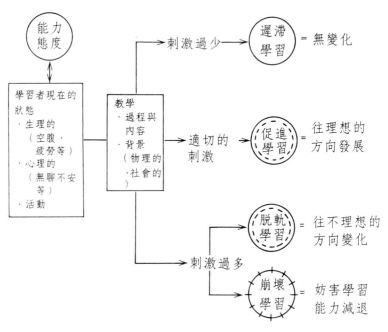

圖 14　學習者與學習環境的交互作用之學習面數

(Adelman & Taylor, 1986)

　　理論上認為學習者與學習環境兩相宜，學習者持有的能力在得以充分發揮的交互作用下，最合適的學習才有可能發生。換言之，學習環境與學習者的能力和動機系統皆充分的分工，學習者能夠完成課題，能把學習視為最有探究價值的挑戰時，才可以期待最適當的學習。被稱之為頓悟 (insight) 的學習，是在大家認為學習者與環境的互動

在最合適的情形下，才會產生的。同時，這樣的互動，不該是偶然中發生的。成功地創造適合孩子發展和動機的學習環境，才能期待產生適切的學習。

<hr/>

第五節

適宜的動機啓發

　　學習障礙兒不會自動改善閱讀、寫字的能力。這件事指出，有關這個領域的學習，可以說給予的動機過於低弱。不過，就另一角度而言，他迴避閱讀的動機，卻是處在高水準上。或者有時雖引起學習障礙兒很高的改善閱讀技術的動機，但對於使用教師所推薦方法的動機卻低弱。可以說，對於結果雖給予很高的動機，但是對於達到結果的過程卻沒能同樣的給予動機。再說，有些兒童即使引起他很高的動機，卻無法維持長久。

1.動機啓發與學習

　　檢討上述的例子，學習障礙兒的動機與學習之間，似乎可以看出如下的關係。
　　①就學習而言，動機是必須的條件。因此，給予的動機
　　　如果低弱，將成為學習障礙以及持續其狀態的原因。
　　②對於學習障礙兒，想要獲得某種學習結果的想法上，

是有動機的，但在追求學習過程上，卻沒有給予動機。

③對於學習障礙兒著手克服自己學習問題的作業是能夠給予動機的，只是所給予的動機無法長久維持。

④對於學習障礙兒學習基本技能，是能夠給予動機的，但是無法改變其發揮機能方面的消極態度。因此，除不得不做的狀況外，他不會去運用他的技能。

通常在考量學習者與學習環境之間是否適宜時，務必考慮所給予的動機強弱多寡，關於此事，以下各點是必須注意的：

①為著克服學習障礙，應提高動機的水準，同時減少迴避動機。

②確立動機的啟發、強化、維持的過程。

③要求學習障礙兒從事像讀、寫等特定領域的活動時，若想使要求成為內在性的態度，就結論而言務必強化給予的動機。

關於動機的知識告訴我們，最重要的是不可讓兒童／學生有被統制、被強制的感受。同時，不可把焦點集中於需要改善的問題上，這也是件應切記的要事。從動機的觀點而言，這樣的過程被認為會很容易引起兒童／學生的迴避反應。因此，減少積極性的學習機會，將妨礙理想態度的發展（Adelman & Taylor, 1983；Stinson, 1984；Weiner, 1979）。

2.動機啓發的重要因素

一般而言，花費於某個活動上的時間和能量的多寡，給予該活動的價值（value）以及對其價值毋需付出不必要的大成本，也能獲得的期望（expectation），兩者是相依並存的（Weiner, 1980）。

(1)價值

我們隨種種動機而行動，那是因為該行動能導向報酬，也可能由此避開處罰。這些報酬或處罰，有時是物質的，有時是社會的。這些誘因，廣泛而有計劃的應用在學習障礙兒的教育上。在報酬方面，常用的有分數、兌換券（token，事後可用來換取糖果、獎品、自由時間等卡片）等，有計劃的應用。在處罰方面常利用的，有剝奪自由時間或其他的權利、責備、體罰等。

每個人都趨向於追求獎賞，逃避處罰。因此，報酬和處罰，也稱做增強物或增強因子（reinforcer）。同時，由於它是個人以外的事物，因而也叫做外在的，或外發的（extrinsic）增強物。外在增強物的利用方法簡單，且對於行為具有直接的影響力。由於這個緣故，不論是一般的教育還是治療教育，它都被廣泛的採用。但是，它也有令人嫌惡的缺點，譬如它的直接影響，既限制於特定的行為上，而且能夠繼續維持的時間也短促。尤其是太過於頻繁使用

時，有產生不良影響的顧慮。

外在增強物正如其名稱，是存在於個人的外部，與此相對，它所具備的意義或價值，卻是從內部產生的。讓孩子了解某個外在的增強物具備了報酬的意義，必須先要拿它當做報酬讓孩子親自經驗或體驗。若想使增強物具有更高度的價值，也需先有體會更高價值的經驗。再說，外在報酬的使用有其限界，有時候即使沒有明確的外在報酬，也同樣可以行動。實際上，肯花費時間去學習，很多是由內在（intrinsic）理由所支撐的。好奇心就是其中的好例子，許多學習都是由於好奇心才得以成立，這是舉世皆知的事實。好奇心被認為屬於內在的，它具有追求刺激，迴避無聊的機能。

還有，我們的行為也會由能力感（competence）喚起。人總認為有能力就有價值，把價值與能力劃上等號，亦即能力就等於價值。有能力就想克服困難，誰不在周圍，就想設法找出誰。確實，當無法或不可能克服的困難阻擋於面前之際，的確令人極為不愉快，也喚起強烈的不安，在耗損精神的情形下，就會設法迴避它，而往希望所在的方向移動。還有一個重要的內在動機，就是*趨向自主決定*（self-determation）的內在力量。它的價值在於感情或思想上，能保持自由選擇決定與否。

(2)*期待*

為了獲得自認為很有價值的事物，倘若不得不付出巨

大的代價時，便會轉而尋找其他有價值的活動，並設法追求它。跟這類問題有關的期待，是由過去的經驗決定的。無法成功的領域，被視為既不帶來外在的報酬，也缺少了內在的滿足。這時，就會歸咎失敗是欠缺能力的結果，或認為還需要更多的努力，或覺得缺少了成功所必須的援助。像這樣的應對方法，在這些相關因素幾近全無變化的情形下，對成功的期待最低。

非常適宜的學習環境，是把配合學習者所要求的支持或輔導準備妥善，藉此可以增加對成功的期待（Koestner, et al., 1984）。因此，一般而言，具有價值的事物與期待能交互作用，其結果的產物就是動機。高價值和期待，可以產生強烈的動機，但是，高價值和低期待，被認為會削弱動機。

再說，既使有高的期待，在學習上卻缺乏價值的情況下，動機也會減低。因此，準備淺易的課題以求經驗成功的方略，雖然被廣泛的採用但不能認為是妙案。換言之，其結果（例如，閱讀能力的改善等），或是無法認定價值的情形，或是課題過於呆板拘束的情形下，即使對成功有高期待的指導，很多情形都是以失敗終了。像這樣的情況，所要求的學習若與強烈的負面價值相結合，則非但不能引起接近動機，反而喚起迴避動機。

(3)過度依賴外在動機

當研究結果指出學習者認知方法的重要性之後，就漸

漸有研究報告表示，使用外在動機將會導致意想不到的不良影響。為某項學習而給予外在報酬時，可以提高學習者的動機。但是，卻會造成將來再嘗試該項學習的意願減退。像這樣的情況，究竟是如何產生的？

從學習者不把預備的報酬，當做努力統合控制自己行為的結果而接受時，大約可看出其原因的一端。給予學習者認知的模式，正是要學習就需要附帶著報酬。譬如，由於忍不住報酬的引誘，才被逼學習，因此所產生忿怒情緒，或是給予不附有報酬就沒有學習價值的感受。

就算對該學習本來具備著內在價值，也會被這樣的認知或心理抹殺掉。重要的是外在報酬會剝奪學習上的內在理由（Lepper & Greene, 1978）。狄賽（Deci, 1975）指出，報酬具有統合控制的機能，同時也有資訊交流的功能。換言之，正如大家所知，報酬有催促逼迫學習者去學習或行動的統制性的一面存在。不過，同時兼具告知學習狀況所持有的價值或意義的機能。由於獲得好成績，得到的報酬是可以買心想已久的玩具，這個孩子等於從該玩具，接受到自己有能力的訊息。因此，當報酬的統合控制面更為顯著時，原因歸屬（causal attribution）隨起變化，擔心學習者會抱有好像被運氣或他人操縱一樣，是由自己以外的原因所控制的想法，此種憂懼會增強。

在班級上的各種評鑑，對於兒童／學生具備了重要的影響。因此，當做促進理想學習的方法，過度依賴外在性報酬，的確是不能不詳細考慮的問題。成績等第是用來傳

達兒童／學生的學習狀況的資訊，但是大部分的兒童／學生卻把它當做報酬或處罰，至少也當做兌換券（token）而接受。自然，多數的教師把成績等第當做統制行為的手段加以利用，這是毋需多加說明的。就是家長，也在成績等第上運用「獎勵」、「獎賞」的附加品，藉此強化孩子對成績等第的認知，這種情形相當不少。

一般而言，成績具備著變化兒童／學生對於學習所抱持的態度和想法的力量。面對讀書，兒童／學生會考慮自己心目中盼望的成績。隨著考試日期的迫近，對於應學習的課程內容的興趣，將會被如何使考試成績更佳，或但願升學考試順利通過等關心所取代。若從成績差將招致家長的責罵，或升學考試失敗會名落孫山等觀點而言，的確是會很自然的有轉變。若從另一觀點來看，如同現在的日本教育情況，不難發現過度重視外在強化物的風潮，已對學習的內在動機，造成顯著的惡劣影響。

如同上述，對外在強化物的過度依賴，將普遍的對一般兒童／學生造成有害的不良影響。自然，對於學習障礙兒的影響，將會更加擴大。所以，重要的是學習動機務必合適相宜。就學習障礙兒（就是健康正常兒也不例外）而言，合適相宜的動機，以學習內在的、外在的理由，能夠適切的混合使用最為重要。同時，使用之際，更應充份的考慮學習者接受的方法。尤其重要的是要理解，期待成功的心理，扮演著重要的角色。

其結果，若能獲得良好的合適相宜，將可大量減少對

於學習消極的、否定的態度和行為。學習障礙兒的學習興趣得以強化，並發展新的能力和自我決定，能增加學習上的努力。

第六節

合適的發展與學習環境

如同上述，合適相宜的動機，不能忽視合適的學習者發展水準，否則就會發生困難。因此，本節將就有關合適的發展與學習環境，討論兩者的相宜問題。

從探討學習障礙的文獻，有關教學法和發展合適的觀點或方法，可以分類為如下三種（Adelman & Taylor, 1986）：

a. 第一種觀點或方法，是改變學習者以適合教學法

最近學習障礙教育的傾向，是承襲學校教育本來的傳統。換言之，也就是教導他學習能夠處理學校準備的課題，或社會狀況的方略和技能。它有各種各樣的方法，但最為普通的，就是認知的行為改變（cognitive behavior modification）的程序。

b. 第二種正與上述相反，教學應設法合適的配合學習者的需要

本質上和一般的學校教育並無任何差異，但力求教育內容能夠適合學習者的發展水準。有針對能夠觀察的技能

謀求合適者，也有焦點對準適合性的情形。此類的具體例子，可舉施米士（Smith, 1983）的研究為例，他強調課題或教學法應符合孩子的注意力、處理資訊的速度、訓練的必要性、認知類型、學習方略等。為此，再進行檢討務必教導的技能順序。

c. 第三個方法，是學習環境、學習者都要變化

站在這個立場，並不採取學習環境是固定不變的，教學的目標在於給予學習者為日後的發展階段做好準備的觀點，而是強調教學或學習環境的變化，但絕不是為著要配合學習者的發展階段。換言之，要把學習當做學習者和學習環境之間，交互作用的結果來理解。

(1)發展類型的多樣性

關於合適的發展和學習環境，無論採取那種觀點，先詳細理解個別差異，絕對是很有意義的。學習障礙的研究曾指出，傳統的知覺、運動、語言，以及跟這些相關的認知發展問題。近年來，情緒在社會性發展上的問題，也漸能吸引研究者的注意。這些機能發展上的問題，有些情形可能起因於中樞神經系統的障礙，可是也有人認為可能是個別差異的不適切對應，才引起這樣的問題。這是在周遭的要求凌駕孩子發展階段的情形下，才產生的問題。

即使無中樞神經系統障礙，孩子們之間仍然存在著非常大的發展差異。各個領域的發展，大部分都能達到一定的水準，但是各領域的發展比例是參差不一的。譬如，很

多人都知道語言的發展，一般而言女生比男生快。正因如此，到入學之後，在很多的發展領域，可發現極明顯的個別差異。譬如，識別文字所必要的視知覺發展，已發現相當大的差異（Dalby, 1979）。像這樣的所謂先天的個別差異，一旦遭遇超越目前發展水準的要求時，自然會引起問題。

若想促進學習，必須先要考慮學習者目前在發展上各領域的總合能力水準，是否合適的問題。此事指出，把發展上明顯的遲緩領域和無遲緩領域，全部納入考慮中，不能有所偏頗的重要性（Miller, 1981）。

在此，有必要舉出發展上的各個領域，但是，若是為著營造出更合適的，就不能不考慮全體性的類型。這種類型，包含著能力和態度。

⑵重要的執行位階

卡克尼（Gagn'e, 1967）指出，在測定人的機能類型時，有四種有效的行為位階。亦即：

①執行率：例如，1 分鐘內能夠解答的計算數。

②執行類型：例如，喜歡捧著書唸，還是喜歡擺在桌上唸。

③執行量：例如，所讀的頁數。

④執行的質：例如，解答的演算中，其正解率。

這些執行的位階，不僅隨能力的發展水準，也隨所給

予的動機水準而有差異。由於此故，在發展的各個領域中，評鑑學習者的技能時，務必理解並留意它包含著動機的強弱程度。特別是學習障礙兒的情形，由於過去的失敗，測定之際可預料到他的動機低弱時，針對這一點，就有更加留意的必要。

―――――― 第七節 ――――――
學習障礙與教育的個性化

　　從以上各項敘述，不難明白為著促進學習障礙兒的學習，務需謀求動機與發展間的合適相宜，的確是重要的理由。如此一來，面臨學習障礙的治療教育時，具體的需要是什麼呢？關於這方面，亞雷路曼（Adelman, 1971）提出了個性化（personalization）的概念。

　　個性化是心理學上的概念，主張合適有效果的學習環境，依賴於學習者是否曾經驗過想要學習的事物和能夠學習的事物之間，似乎相互一致的狀況。這個觀點強調，學習者如何知覺其合適及發展與動機是否合適。這一點，正是個性化與其他個別化教育的差別所在。

　　學習是互動的、交互作用的，是進行中的過程。因此，學習環境應力求適合學習者的變化，需要經常保持變化。此事意味著，學習障礙的治療教育上必須包含的，是學習者與學習環境交互作用的連續變化。

有關個性化的教育計劃（program）的假設，如同以下所記述：

①學習是學習者與學習環境之間，毫不間斷的交互作用的函數。

②最適當的學習，是學習者的能力、態度，現在的狀態、計劃（program）的過程之間，所產生最合適的函數。

③最適合學習者的動機，必須是教育計劃（program）的主要目的。

④最適合學習者的能力類型，也必須是主要的目標。

⑤學習者的認知，成為評鑑學習者與學習環境之間良好適宜存在的重要基準。

⑥學習者能夠意識到廣泛的自由選擇，且越能選擇時，學習者認識合適的機會隨著越大。

⑦個性化教育計劃（program）不僅改善學習，還能強化學習的內在價值，以及對於學習的責任感。同時也能增強獨立與協調，解決問題的機能，增加個別差異的接納與認識。

依據上述假設的個性化教育計劃（program），等於包含如下的要因：

①有關研議選擇、決定、測量學習者的認知，相互評鑑過程等的協商會議，應定期的舉行。

②學習者對於決定有關的學習內容和活動等，能有廣泛的選擇權。

③學習者對於有關決定或學習的輔導，可以行使廣泛的
　選擇權。
④評鑑選擇結果是否適合學習者的能力或動機的水準之
　際，學習者的積極性任務。
⑤教育計劃（program）的籌劃擬定，有關學習者和計劃
　（program）之間的關係相互一致。
⑥學習者對於有關決定的再評鑑，計劃的變更，以及有
　關進步，或問題，或合適的認知，依據相互評鑑的一
　致問題展開會談。

　　亞雷路曼（Adelman, 1986）為決定學習障礙的治療教
育，使良好的合適成為可能，設計如下頁圖 15 所示的框
架。從圖上可以了解，最初的階段，焦點放在班級環境的
變化上。它的變化意味著如何使教育計劃（program）能適
合有關動機與發展上的個別差異。其次的階段，是準備治
療教育。特別是步驟 1，它含有如下的過程：
①應設定具備有廣泛選擇空間的學習環境。
②各個兒童／學生可從其選擇範圍去選擇，同時要援助
　他們決定最初的嘗試事物。這是依據學習的選擇是否
　適合他的觀點而進行的。
③評鑑其效果，若有必要就得變更起初的決定。再者，
　教育計劃（program）的效果，也要相互評鑑。

　　這個教育計劃（program）的效果若認為不錯，在趕上

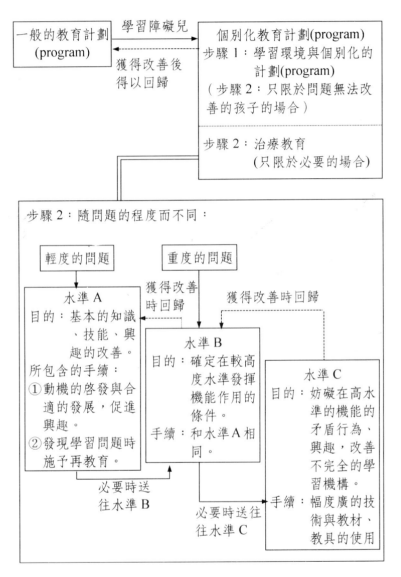

圖 15 決定合適與治療教育的順序和水準

（Adelman & Taylor, 1986）

遲緩之前，繼續步驟 1 是很理想的。在學習障礙仍存續的場合，或者是步驟 1 的效果不明顯，限於這兩種情形下需導入步驟 2。在這個階段，包含有三項水準的參與法。參與這三項水準，可用如下的方略。

①輕度學習障礙的場合，選擇的幅度很廣，可運用種種教學法（水準 A）。這個方略，只限於有必要的場合才導入。

②當上述方略發揮不出效果，或者學習障礙比較重度的情況下，焦點要對準尚未獲得學習之前提條件的明白解釋（水準 B）。參與此水準的必要性消失後，應盡快回返至水準 A 的方略。

③水準 A 和 B 宣告無效，焦點就要瞄準妨礙的要因，將其導入個別臨床的參與；試行種種的治療方法，或是行為改變的手續等等。至於該採取何種方法才好，應由以下兩點來決定。

• 是內在學習的機構（machanism）的機能障礙？

• 是社會的、情緒的行為或興趣的問題？

當這個臨床性的參與到其必要性消失的時候，就務必往最適切的水準變更，回歸合適的水準。

上述各項參與之水準、類型、領域的關係，若以圖表示，就成為圖 16。

這個個性化教育計劃（program），其目的在於發現學習障礙評鑑的錯誤，同時看出其他類型的學習問題。因此，

也準備了如下的方略。

①在步驟 1，改善學習問題若有效果，可以表示該兒童／學生不是學習障礙。其學習上的問題，可以看做是由於不適切的學習環境所造成。

②如果步驟2的水準A和B有效果，可以認為這個兒童／學生由於發展上的個別差異，或輕度的身體上的、心理上的障礙，一般的教育並不合適，因此，需要採取適合他的方略。

③當需要步驟2的水準C時，如果其問題不是源自社會的、情緒的原因時，可以視這個兒童／學生的學習障礙來自微細的腦部損傷。

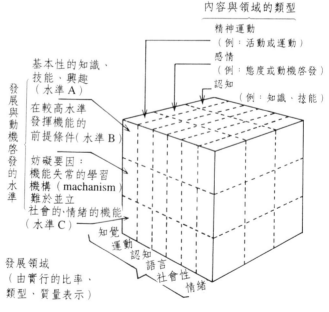

內容與領域的類型

精神運動
（例：活動或運動）

感情
（例：態度或動機啟發）

認知
（例：知識·技能）

基本性的知識、技能、興趣
（水準 A）

在較高水準發揮機能的前提條件（水準 B）

妨礙要因：機能失常的學習機構（machanism）難於並立社會的·情緒的機能（水準 C）

發展與動機啟發的水準

知覺
運動
認知
語言
社會性
情緒

發展領域
（由實行的比率、類型、質量表示）

圖 16　參與的水準、類型、領域的關係（Adelman & Taylor, 1986）

✻ 第七章 ✻

基本知識、技能的教育

基本技能（skill）的內容

1.學習障礙與基本的知識、技能

關於孩童不能不學習基本的知識、技能的說法，相信找不出異論。同時，對於學習障礙兒也常有基本的知識、技能不足的指責。因此，面對學習障礙兒的教育，首先會注意基本知識或技能的習得。不過，這所謂的基本知識和技能究竟何指？而且如何去習得？關於這些疑問，正是議論之源。

一般而言，學習停頓、學業成績無法向上提昇時，便以基本知識或技能的習得不充足為理由，勸告學習者回至基本的情形極多。但是，「回至基本」，不能說是已考慮過被評鑑為學習障礙的兒童／學生。很多的學習障礙兒都是以回至基本的觀點受教的，因此，依據基本去教學，比回至基本的教學方法更加需要。況且，在基本上可以得到很多正面的計劃（program）。

這種趨向於基本，並且正視基本的觀點，包含著如下的內容：

①基本的知識、技能，包含3R（讀、寫、算）及認知的

發展等等。換言之，人的發展或機能，有許多重要的領域，同時，也各有其稱之爲基本的事物。同時爲習得這類的基本，也有給予援助的必要，而且，調和各個領域間的均衡發展，也是極爲重要的工作。

②動機在習得基本技能上，扮演重要的角色。因此，教學應具備廣泛的選擇幅度，以及自我決定的自由，而且必須要有適切的回饋（feedback）。像這樣的步驟，對於相關技能的學習，既能強化內在的歸屬，又能助益除去外在的歸屬。因此，使有動機的練習，成爲可能。同時，關於給予動機時，也有必要考慮個別差異。

③若想有效地促進學習，必須從有關學習環境，以及有關教育計劃（program）的三個主要領域，亦即物理的、社會的狀況，計劃（program）的結構和活動，教學方法的改善等著手。

④對於各個孩子的不同，必須附加治療教育的步驟。不過，這僅能在給予不是以促進爲目的的治療性教育步驟之後，才得以嘗試。

2.學習障礙與概括性教育課程（curriculum）

爲改善學習障礙的教育課程（curriculum），可以觀察到它的規模有受限制的傾向。就是個別教育計劃（program），其目標也有只限於特定領域的趨勢。針對學習障礙適切的方案（approach），寧可超越「治療」的範圍才

好。這就關連到很多的發展領域，而且必須促使活動更加豐實，同時應該達到簡單的 3R 或認知發展以上的水準。因此教育課程（curriculum）的焦點，就要像圖 2（見第一章，p. 20）所示，需要對準著各式各樣的領域或教學／學習類型，或水準等。

(1)改善與幅度廣泛的目標

教學法如果不適切的話，自然就無法區別學業成績低劣的原因，是由於教學法不適當，還是學習障礙的緣故。換言之，在確認其教學法是否適合兒童／學生的動機啓發或發展的水準之前，無法明瞭究竟原因是在於教學法，還是在學習者本人。因此，除非在改善教學計劃（program）之後，否則學習障礙的教育便無法訂定計劃。

如同前述，歷來的治療教育，焦點僅對準著基本技能的學習，對於學習其他的機會，幾乎完全沒注意過。可是，這就兒童／學生來說，卻成為痛苦的經驗。為得每天努力學習基本的技能，便需要給予強烈的動機。可是，試想像一下，除去這樣的上課以外不能再選擇其他的生活，究竟能否高高興興地上學，或者從事學習，的確不難以理解吧！

把目標限定於改善基本技能，將會危害整體性的計劃，為著援助兒童／學生克服學習障礙，找出更好更理想方法的關鍵，就在於把目標大到廣泛範圍的發展課題，或活動上。

(2)發展課題與學習的一般領域

義務教育階段的學校，不知為著什麼意義，其教育課程（curriculum）的結構，總要使學習者能夠習得所謂的發展課題（developmental task）。換言之，全部的教科書都是以培養將來在社會上做為職業人員、市民、社區成員、朋友，或家長等身份，能夠擔負適切任務的素質為目標。

直到目前，長年以來都在檢討有關知覺—運動、認知、語言、社會的／情緒的機能等發展課題。教育者把人生機能的全部領域，倡導整理成三個範疇（category），亦即認知、感情、精神運動等領域（請參照 Bloom, et al., 1956；Kibler, et al., 1970）。上述各領域，被視為是跨越幅度廣泛的教學內容。即使如何強調人的任何機能，發展性的教育課程仍被分為連續性的區段（block），在學校中展開。教學特定的區段（block）時機，一是大部分的兒童／學生所要求，一是考慮訓練課題的多樣性後再決定能否學習。

自然，所有的領域不會受到同程度的重視，對於某個領域的教學，或是為著特定兒童／學生的教學，期使達到更高度的精熟（master）或理解，也會加以特別的計劃。此外，有時也會單純的以兒童／學生已開始意識到該問題為理由，給予教學的情形。

(3)充實制（enrichment）

所謂充實制（enrichment），是充實課程內容讓學習者

獲得基本上的技能，或超越能力（competence）以上的事物。不過，對於該讓他獲得那些事物，卻是意見紛紛、觀點各異。換言之，有的立場是等他習得基本的技能之後，還有多餘時間的情況下，當做課外的活動給予。另有立場是為著資賦優異兒準備特別的活動之觀點。無論那種情形，所能學習的事物全是教育課程以外的臨時性活動，因此，想要明白地規定，的確是很困難的。

學習障礙改善計劃（program）的充實制（enrichment），就是不包含在預定教育課程上的課題或活動，而被認為可提供以探究、調查，或發現為目的的機會。這種機會是務必提供的，不能做為選擇之用。那是由於一旦用做選擇，學習的對象或目標就會被特殊化。其基本上的觀點，認為學習許多非預期中的事物，它將成為增加感受教學或習得知識的價值之機會。

以充實制（enrichment）為目標的活動，比為著學習障礙的教育課程所提供的活動，希望能夠成為更加有魅力、有刺激性的事物。為此目的，這類活動不能受任何要求，必須提供讓孩童可自由選擇適合自己興趣或能力的事物。同時，必須具備對兒童／學生的調和性。譬如，無法維持兒童／學生注意的活動，希望能具有可更換的柔軟性。

但是，充實制（enrichment）只是單純的陪襯一樣的觀點，卻又極為強烈，如果用做學習障礙兒的活動，幾乎都是不屑一顧。特別是對改善學習障礙有關的人們而言，一切的時間都要為著治療教育，以及為趕上進度而花費的。

正如概略敘述，對於學習障礙兒最感興趣事物是什麼的看法並不正確。教育課程的幅度越廣泛，越能產生理想中合適的動機，千萬記住如此才能夠準備好，以促進重要的發展課題，或有關希望改善的學習為目的的機會。

3.學習障礙與動機

教師即使盡到最大的努力，想啟發學習障礙兒學習基本技能的動機，還是很困難的。他們之中的多數人，不會想要克服自己的問題。有閱讀障礙的孩童，會逃避這個問題，一點都不想提高閱讀能力。不過，這個孩童所嫌惡、所要逃避的，正是特別的閱讀輔導。為著啟發這類學習障礙兒的高度動機，有必要留意兩個要點：第一是，要構成能夠增強學習障礙兒內在動機的學習環境。第二是，如此做以後，仍舊迴避克服問題時，必須設法解明其原因。

(1)強化內在動機

在第六章已述及，內在的、外在的價值與對結果的期待會交互作用，其交互作用能產生動機。換言之，這個問題「那個課題是否有執行價值」的質問，可以更改成「那個課題能不能夠執行」的自問。對這些問題的回答，將成為決定對那個課題會追究下去呢，還是採取迴避？很多的努力或能力，是否被浪費掉？有關此點，心理學者提倡〔期待 × 價值〕的觀點。

近年，對於有關思考或感情的動機作用，增大了關心，進而檢討許多影響價值與期待的因素。這些研究，對於理解學習問題，提供很大的貢獻。其中最具本質性的意義者，正是指出對於欠缺動機啓發，以及欠缺技能有所誤解。換言之，讓大家漸漸了解，學習障礙兒也能爲著學習而努力去學，在高度啓發內在動機下，學習也會有進步。在一般的授課中若忽視這個事實，進行授課時無法善用動機啓發，兒童／學生的動機就會低下。此事說明必須強化內在動機，擴大與它相關連的領域之理由。

所有的兒童／學生，無不有啓發高度動機的學習領域。或者是，最少也啓發了正面方向的動機，只要給予適切的勇氣激勵，便有高度啓發動機的學習領域。再說，只要給予機會，或許能夠喚起新興趣的領域吧！

因此，首要的第一步驟，務必妥善整備學習環境，使之能夠維持目前高度啓發動機的水準，培育啓發動機的萌芽，擴大興趣的領域。此事意味著可以構成援助兒童／學生，確立以學習爲目的的內在理由，以及足以克服學習障礙的學習環境。從這件事，可以減少執行時的外在請求。

(2)克服迴避動機

遇到無法增強動機啓發，也無擴大動機方略的兒童／學生時，就有必要處理他的迴避動機和跟它相關連的問題行爲。在學校經驗過徹底失敗的兒童／學生，變成不再期待學業的成功，也不承認它有積極性的價值。事實上，學

習障礙兒極端的嫌棄學業。

　　雖然極爲嫌棄，但一旦處在不能不做的狀況時，對於該項活動，不是想要抗議，就是想要迴避它（Brehm & Brehm, 1981）。當其抗議或迴避的嘗試無法成功時，他會以否定的方法反應。如此一來，在學習障礙兒身上所能看到的問題行爲，轉變成直接對於學校壓力的反應。

　　年少的學習障礙兒由於與迴避動機相對的所謂趨近動機（approach motivation）的機制，顯示種種的問題行爲（Adelman & Taylor, 1986）。換言之，孩童從不合作的、破壞的、攻擊的行爲中得到興奮，導向孩童所盼望的結果（同儕的承認或自律性的感情等），等於替他準備了滿足或報酬價值。像這些源自趨近動機所產生的否定性的行爲，被看成脫軌的要求（pursuit of deviance），自然，年少兒童也會顯示來自迴避動機的問題行爲，它被認爲是防衛性反應（protective reaction）的結果。

　　學習障礙很容易把教育或治療的情境，當做被強制踏進無法成功的狀態，如此一來，便把這樣的狀況看成等於替迴避行爲找到動機去知覺。在這樣的狀況下，兒童／學生就要從所喚起的不愉快的想法或情感中，設法保護自己。換言之，試著適應有害的經驗，並設法防衛自己，就會以否定性的行爲表現於外。

　　這些否定性的行爲，正如圖 17 所表示，會以直接的、間接的型態表現。

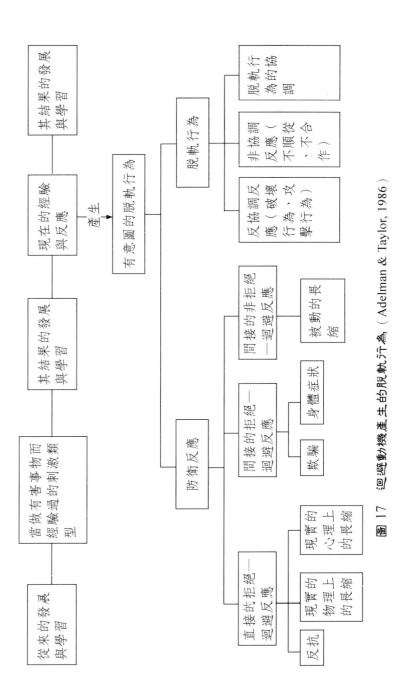

圖 17 迴避動機產生的脫軌行為（Adelman & Taylor, 1986）

經過長時期顯示學習障礙的兒童／學生，大部分的學習經驗，易於向有害的期待發展。當這樣的期待一旦產生，兒童／學生會把全部的學校情境，當做最壞的事物去知覺。就算教師提供喚起興趣的新穎機會，學習者也不肯接受。這種事情，對於教師而言，會使教師經驗為著提高動機啟發所付出的最大努力，乃是完全白費的欲求不滿。

　　姑且不論理由，強化動機啟發的努力，有時候並不能充分的除去妨礙上課的行為。遇到這種情形時，改變喚起兒童／學生否定反應的環境因素，被認為是應採取的下一步驟。特別是，其本質是要把執行的外在請求減至最少。這個方略的目的，在於減少妨礙教師和學生在一起上課的行為到最小限度。如此一來，兒童／學生不再感到痛苦，同時可以援助他們，使他們能夠感受到啟發學習動機的領域。

(3)授課的意義

　　對於啟發內在動機的關心，過度重視技能及其訓練，促使教學上的焦點轉移。取代它的是重視動機啟發，這是強調動機預備狀態（motivational readiness），或維持動機啟發的重要性。一般而言，在學習上的重要領域，可以說逐漸強化個人的價值和成功的期待，及關心如何擴大的方法。

　　關於此點，如下的事項便成為問題。換言之，是要看做學習障礙兒被強制去忍受學習環境呢，或是當做學習的

積極機會呢？假如當做並非忍耐以外的任何事項，那麼是認爲帶著最小限度的不愉快而能夠執行它呢，或是看成只是非痛苦的經驗而已呢？是否對學習以外的事物感到強烈的魅力呢？對於這類質問的回答，可能正替學習障礙兒的行爲原因，以及克服它的援助方法上，準備了啓發或暗示（hint）。其結果，倘若能夠明確地弄清楚動機在學習障礙上所扮演的重要任務，便可以建立和動機啓發相關連的目標。

不過，對於這些質問，究竟能否找出解答呢？爲著這個目的，應該要弄明白學習障礙兒的想法和情感吧！當把焦點對準動機時，則評鑑要採取新的方向。換言之，學習障礙兒面對教育課程時的情感和想法，學習時的價值觀，認爲有價值的活動，嫌惡學習的理由等，都有必要明確的弄清楚。動機的評鑑，有賴於和兒童／學生強有力的接觸。評鑑的焦點，應對著發現渴望在學校學習的事物。若在學期的中途，就必須考慮進行的程度和問題。

關於這些問題的評鑑一旦可能時，就得進行擬定充分考慮過上述各種問題後的計劃（program），在計劃（program）的擬定當中，希望能夠再加入兒童／學生認爲有其他價值的，可視爲一種學習機會的事物。最理想的辦法，就如狄賽（Deci, 1980）所指出，在不傷害有能力感、自我決定感、效力感之下，充分注意提高責任感、參與意識，希望在這樣的情形下擬定統整的計劃（program）。再說，研究者也指出考慮動機的差異與問題之重要性。同時，下

列幾點更有留意的必要（Adelman & Taylor, 1986）：

①最適當的執行和學習，必須要有動機預備狀態（motivational readiness）。所謂"readiness"的概念，不能以等待孩童有興趣時的古老意義解釋，必須要以那是導向理想學習或執行的，有選擇價值的刺激性環境之意義來接受。

②教師不僅要提高動機，尤其要提防動機的低落。譬如，不可利用外在的報酬。

③計劃（program）的企劃不僅對於現在的學習活動，還要對於追求「以學習為生活」為目的的內在動機，加以強化、維持、擴大。

④內在動機的強化，會影響兒童／學生的思考、感情、決定。一般而言，強化動機啓發的目的，是在於減少學習上負面的感情、思考，並利用能保持增加正面的感情、思考的機能之手法。這件事的特別意義，在於促使維持或增加迴避動機的經驗明確化，以便設法排除之。

以上所述各留意點，其重要性在於使學習障礙兒從過去極端否定教師以及上課，而至對於用來改善的計劃（program）和教師不再有跟從前一樣的知覺。為此，務必努力促使下列兩點成為可能：

• 可要統合控制教師？他可以當做支持者，不必看成毫不關心的旁觀者。

- 對於學習內容和結果，活動的選擇，當做有價值的事
  項加以接納。

以這樣的觀點為背景的計劃（program），基本的前提是追求學習活動，為著克服學習問題務必強化內在的理由。再說，讓兒童／學生的多樣選擇成為可能，才能獲得內在目標的滿足。為著這個目標，計劃（program）不能不準備如下的種種內涵：

- 幅度廣泛的內容與結果，可自由選擇的步驟，也具有促進學習的個別化架構。
- 有可能讓兒童／學生自行決定。
- 可給予有關進步的資訊。

茲詳細論述如下。

a. 選擇的自由

正如在普通班級所進行，假如學習障礙兒無論如何都嫌惡的 A、B 兩本書，只能選擇其一來閱讀時，自然會給予避開決定的動機吧！再說，不管選擇了其中任何一本書，也不可能有產生教師心目中所盼望之動機的餘地。因此，務必準備有價值的、可能實現的選擇才好。

再譬如，簡單一句閱讀障礙，但有些孩童是完全不愛好閱讀；有些孩童雖想增進閱讀能力，可是對教師所提供的書籍不感興趣，譬如，一點都不想閱讀教師所選的冒險小說，卻對科學小說表示強烈的關心；有的孩童，可能只

要有人在旁援助,他就很有興趣閱讀。為此,有關(a)內容與結果,(b)過程與結構,必須要有選擇的自由。

只要是教師,不管是誰,必然能了解教學一定要有變化(variety)才好,也會意識到兒童/學生表示趣味的課題或方法,有很大的個別差異存在。為學習障礙兒設計的教學,自然必須要具備更多的多樣性,尤其學習障礙對於上課的動機更低,甚至還持有迴避動機。對於這樣的孩童,隨迴避動機的強弱程度,決定自由選擇的幅度的寬狹。不過,一般而言,為學習障礙兒安排的教學,以下各點應加考慮:

- 為著學習的目的,應擴大選擇的幅度(必要時應伴著不斷的、全面的變更教育課程內容或過程)。
- 最低限度,在開始的最初階段,讓兒童/學生只學習個人所積極決定的領域。
- 容許比平常幅度更廣泛的行為。

b. 學習者的決定

從啟發動機的觀點而言,對於上課最基本的關心,正是讓兒童/學生參加選擇與決定的方法,重要的是要兒童/學生抱有親自決定的感情,它是使所計劃的學習活動的追求成為可能(Bloom, 1981)。相反的,未曾參加選擇的兒童/學生,便抱有被強制、被統制的感情。這類意識上的差異,對於啟發動機,有對照性的影響。特別是無法同意其決定的場合,甚至很可能包含著抱有敵意的危險性。

因此，焦點擺在啓發動機的教學而言，用自己意志進行有價值的選擇，再做決定的過程極爲重要。同時，盡量減少無參與選擇的意識，也是很要緊的事。起初，兒童／學生會選擇特定的上課計劃，以及不能不選擇參加它。爲使這個決定成爲可能，如下的援助是很有效果的：**第一**，讓他理解自己決定的價值。此事的意義在於讓學習障礙兒認識，自我決定是爲著統制人生所準備的機會。**第二**，援助他們從可能的選擇中，發現積極選擇的方法。**第三**，一旦選擇了，馬上進入計劃（program）的實行。此事，在表明決定的意味上極爲必要。

c. 提供學習結果的資訊

　　重用外在的報酬或處罰，恐怕會產生不希望有的影響，給予兒童／學生有關改善程度的資訊之際，務需要有充分的關照（Deci, 1980）。不用多說，這個資訊，必須是有關成功的、正面的才好。不過，同時有必須強調這個回饋是意志決定的效果，與有關結果的學習之內在理由間的關係。由於此事，足以提高兒童／學生的有能力感、自我決定感。

　　這樣的回饋，在正式的、非正式的協議中給予。此際，對於學業成績或作品等，會進行分析。計劃（program）的內容、結果、過程、結構的適當與否，一一加以檢討，若有必要就得改善。這與回饋的給予方式無關，只是務必重視使進步與效果的資訊能夠明確而已。況且，使用讓他們能知覺自己在努力的步驟，但絕不可給予他們被統制著的感情。爲此，自我監視（self-monitor）或記錄的方法等，

被視爲有效的。與此相對，監督或外在的報酬，是被認爲應少用的手法。晤談是爲著了解學習障礙兒與計劃（program）之間的適合性，最容易且直接的方法。毋需多說，年少兒等，自我評鑑的能力尚未充分發展。再說，也會看到辯解，或誇張，或迴避等情形。

像這樣，即使在自我評鑑上被認爲有問題的情形下，也不能成爲採取監督或統制手法的理由。像這樣的學習障礙兒，寧可認爲他將成爲參與的重要標的。換言之，學習障礙兒在欠缺能夠適切的自我評鑑，或自己決定的動機情形下，必須要有機會看出基本技能在個人而言是相當重要的事物。同時，一種能讓他安心的說出內心中種種事的氣氛，也是非常必要的。即使能夠自由自在地晤談，仍舊無法獲得技能的情形，自我監視和記載記錄對於那樣的學習能力而言，便成爲可提供有效資訊的機會。

第二節

基本技能的教學過程

1.促進基本技能的學習

　　兒童／學生的態度，有某種程度的能趨向於學習的場合，學習的促進不外：①不僅要持續其動機啓發，還要更

深一層的強化。②必須援助學習者確立達成目標的方法。其意圖在於使學習者能夠有效果的學習，並且除去負面的影響。有的場合，需要援助他把學習上造成障礙的事物，明顯的呈現出來。也有需要輔導、刺激，或支持的場合。在其過程中，了解在什麼時候，用什麼方法，教些什麼，也是極為重要的事情。不過，在同時間，又不能不為著讓孩童能夠獨自學習，明確的顯示構成狀況的時期和方法（Joyce & Weil, 1980）。

特別針對如下六項目標，務必努力達成：

①確立並維持和學習障礙兒的適切關係。譬如，信賴關係、溝通（communication）、支持、情緒障礙的去除、動機的養成等，無不包括。

②學習活動的目標應明確化。特別是務必改善的特殊性問題，有必要使之明確顯示。

③為著促進學習所使用的程序，以及被認為有效的根據，全都要明確化。

④使評鑑方法以及其他步驟明確化，並且應確認這些步驟的必要性。

⑤這些步驟的實施，以及達成盼望中的變化。

⑥適切的終結這個過程。

面對促進學習，其目標並非一次只舉列一項而已。再說，步驟與內容一般都是緊密的結合在一起，因此，當步驟被視為達成目標的最理想方法時，始能促進學習。不過，

被證明爲的確能夠促進學習的步驟或原則，迄今尚不存在，所以目前所採用的觀點應設法加以綜合，這才是重要的事。第六章的圖 16（見 P. 166），正是表示其中的一個例子。

(1)環境的設定

　　給予行爲不良影響的環境因素，可舉出欠缺隱私性（privacy），人口稠密，不適切的既有設施等等（Altman, 1975）。不過，就班級而言，倘若不加探究，自然難於探測深刻影響學習的因素。在班級的環境設施上應考慮的要因，有下列三項：**第一**，是教師與學生的結構。**第二**，是物理環境的性質。**第三**，是其設施受到何種程度的接納。

　　針對促進學習，首先考慮到的就是教師能力的問題。如果教師是有能力的，那麼兒童／學生人數和特性，以及他們和教師一起度過的時間長短，便成爲重要問題。一般而言，兒童／學生的人數越多，教師和兒童／學生的比率就越重要。換言之，教師以外，協助者或資源教室（resource room）的教師是否在場，將會左右促進學習的效率。再說，這項要因的影響，隨著班級內學習障礙兒的比率高低也有所不同。

　　最理想的情形是不論班上是否有學習障礙兒，有時候也要有個別上課的必要。不過，相反地也有團體上課才有效果的學習。尤其是班級的結構足以形成其動勢（dynamics），對於促進學習的努力有很大的影響。特別是班上領導者（leader）或偶像（model）的適合與否，扮演著重

要的角色。對於教師有好意，能把平凡的學習經驗變成特殊的事物，這是平日就熟知的事實。

　　物理的環境性質，也負了重大的任務，是爲眾人所周知的。老舊簡陋、昏暗不明的校舍或教室，總不會比現代的（modern）、明亮的環境，學習效率高吧！再說，在學校內設立了特殊班級，也不能不考慮對於促進學習的影響。再者，多樣化教材的存在與否，也不能忽視其影響。自然，這些都不會比學習者如何去認知環境在客觀上的良與莠更爲重要。學習者對於有關環境設施的認知方法，是決定是否把它當做促進的事物去經驗的重要原因。

(2)結構化

　　一般說到結構化（structuring），總認爲具有嚴格的限制和統制的特徵。在這兒僅指爲著促進學習或執行，把溝通、支持、限制、統制等整備一番的意義。其目的在於促進學習，而非統制行爲。無需多說，那是難於促進無法統制之幼兒的學習。不過，同樣以統制行爲爲目的的方法，對於促進學習的努力會有妨礙也是事實。因此，結構化務必要能爲學習者準備有益的支持和給予方向才可以。像這樣的支持和給予方向，可以認爲是程度的問題。那是隨課題的性質，而有所差異。再說，也包含著資訊與限制（外在的統制）的明確化。

　　支持與給予方向的程度或類型，以能夠隨時隨學習者的要求而變化最爲理想。倘若是學習者能獨立完成的課題，

便毋需給予援助由他去實行，相反地也有不給予很多援助就無法學習的課題。在班級內所準備的支持或給予方向，雖然並非教師所限定的事物，卻是最為重要的存在。

解決這個支持和給予方向的問題，對負責學習障礙的教師而言，是非常重要的。此際的困難之點，就在於如何使支配不過分，依賴傾向不致過強，容許性不過度，卻又能恰到好處的結構化。為著促進學習，教師必須要積極的、和藹的，務必形成能夠相互尊重對方的人際關係才好。為此，相互理解和純粹的關心，便成為必須的條件。

(3)結構化與活動

結構化對於有關的學習活動特別重要，結構化雖能由教師造成，但也存在綜合計劃的學習活動之中。

現在所運用的學習活動極為廣大，即使只看閱讀或數學的技能，就已多得不勝枚舉。況且，特定的活動又採取各式各樣的內容或技術進行試驗。有的組合不同內容或技術，或者依據特定的教學立場進行活動。無論怎麼說，活動非常多，想把它加以範疇，的確是困難的工作。不過，經過歷來多位研究者的嘗試，終於有些成績可言。達路烏等人（Darrow & Van Allen, 1961）將其分為四群，米恩茲（Means, 1968）分類為六群。這兒列舉拉納（Lerner, J. W., 1976）為學習障礙兒所分類的內容，提供參考，見表7。

表 7　學習活動的分類（Lerner, J. W., 1986）

運動發展領域	全身動作	步行〔例如：前、後、橫的步行，交叉步行，滑步（step），循線前進〕
		墊上活動〔例如：匍匐、穿越障礙物〕
		平衡（balance）〔例如：前、後、橫的平衡〕
		其他〔例如：划水、起立、跳躍、交叉跳躍（skip）、跳繩〕
	細微動作	身體形象與身體意識活動〔例如：指出身體的部位，與身體等大的人物畫〕
		投球與接球〔例如：球賽〕
		手與眼的協調〔例如：描紅（tracing）、剪（切）紙、折紙、鉤織〕
		黑板〔例如：點連接、幾何圖形、文字或數〕
		眼球運動〔例如：視覺的前後移動（tracking），眼光追跡〕
知覺領域	聽覺	視知覺〔例如：拼圖、積木、分類、圖形的再現、文字和數〕
		聽力〔例如：不同聲音的分辨，聲音認知〕
		注意聲音〔例如：對韻律的反應〕
		音的辨別〔例如：遠近、高低、柔軟（soft）與否〕
		音素（phoneme）或文字音的認知〔例如：子音、混成語、韻〕
		觸覺與運動知覺〔例如：細微紋理或形狀的感覺、溫覺、重量的知覺〕
		感覺間的知覺〔跨越視、聽、觸等知覺間的韻律、型態、聲音的知覺和再現〕

記憶		一般性記憶〔例如：重複、材料的組織化、記憶術〕 聽覺記憶〔例如：背誦聽過的文字或數字〕 視覺記憶〔例如：物、圖形、文字、數等由瞬間顯示器提示後的記憶〕
口語領域	聽取	非語言音的知覺 語言音的聽覺〔例如：子音的認知與辨別、混成語、韻〕 單語的理解〔例如：詞類的區別〕 文章理解〔例如：順從簡單的指示、機能語的學習〕 聽覺記憶 語句的理解〔例如：事態的複述、主題的掌握、解釋與結論〕 批判的理解〔例如：指出不合理、宣傳的分析〕
	表達	獲得使用語 說出語句〔例如：說話的綱要或器官，顫抖聲的使用〕 語型的學習〔例如：依據聽覺、視覺提示之語型的一般化〕 口語技能的訓練〔例如：會話、討論、電話、角色扮演、質問與回答〕 文章的形成〔例如：單句與複句的使用〕
讀的領域		起初的發音途徑（approach）〔例如：音素、讀音標〕 語言經驗的途徑〔例如：基本的語言技能，以及個人的經驗的形成〕 多重感覺途徑〔例如：為著指導理解語意而混合種種感覺步驟的使用〕 讀的個別化〔例如：選擇適合特定孩童的教材〕

		計劃（program）化的閱讀指導〔例如：自我教示、自我修正，可配合個別步調的教材〕 基本讀物的編輯〔例如：為提昇基本的技能所編輯的讀物〕 行為改變途徑〔例如：由利用強化而來的環境結構化，可供特殊觀察的目標設定〕 科學技術途徑（technological approach）〔例如：利用電腦或視聽教材的教學〕 結構化途徑（system approach）〔例如：組合讀物、競賽、謎題（puzzle）、卡式錄音帶、測驗等教材〕
書寫領域		筆寫〔例如：黑板、鉛筆執法、謄寫、點連結、無格紙〕 拼字（spelling）〔例如：音的視、聽知覺和記憶，多重感覺訓練，有計劃（program）的拼字教材〕 書寫表現〔例如：文章構成、書寫、重寫〕
認知領域		算數〔例如：基本計數技能的訓練，計測，組合與分類，形、長度、時間、空間、順序、全體與部分等概念的辨別與使用〕 讀解力〔例如：事實與細部的認知、主題、事態的連續、推論、批判性評鑑〕
		自我概念與情緒的態度〔例如：自傳、團體討論、諮商、心理療法〕
對人知覺		身體形象與自我知覺 對他人的感受性〔例如：表現種種情緒的臉孔之描畫和認知，身體的、語言的傳達和分析〕 社會的情況〔例如：使用表示理解對人場面的圖或故事，能區別現實與遊戲〕

這個範疇，是考慮以下各點後作成的：

①目的（例如：溝通、學習、練習、創造的表現、探究、娛樂、休閒活動 "recreation"。）

②類型（例如：教科書 "text" 或作業簿 "workbook" 等印刷好的教材，演示、講義、書寫、演技、討論、機械、道具、視聽覺教材、電腦、角色扮演、競賽。）

③資訊來源（例如：出版社、地區社會、教師。）

(4)技術

為促進學習而利用或設計活動時，教師總是想盡辦法，使它更有魅力，更容易接近，並設法盡量去除迴避反應。此事由於種種技術，成為可行。據亞雷路曼等人（Adelman & Taylor, 1983）的研究，即使同樣的活動，由於改變對學習者的照料或刺激，可以在不同的支持或方向給予追求學習的促進。換言之，在活動之際，能把早已準備好的結構加以變化，這才是技術。這個變化的內容，在活動展開時進行，並附加其中。像這樣的技術，在心理學上的意圖，正是強化動機啟發、知覺的感受性、處理機能或意志的決定能力、演示（output）等。

(5)啟發動機的學習

學習可能不是笑容滿面的愉快的活動吧！不過，就算不是愉快的事情，至少在某些情形下，能以有價值的，可得滿足的經驗而接受。再說，在我們的生活上，也有不少

有價值卻無法經驗滿足，又不得不做的事情。如何去忍受這種狀況，如何繼續學習，的確是有趣的問題。對於這個問題，心理學上卻還無令人滿意的答案。不過，為著學習忍受無聊的狀況，的確需要習得屬於單調工作的基本知識或技能。

學習障礙的研究者認為，由於不做必要的練習，所以才會出現無法精熟（master）所學習事物之兒童／學生。因此，對學習障礙兒的最低限度，必須促進已啟發動機的練習。為著讓他繼續執行課題，其最有力的因素，正是對於完全執行課題之際能得到滿足的期待（高野, 1973）。譬如繼續執行課題，是依賴於執行過程中所保持的有能力感，或精熟（master）課題之後所感受的有能力感（Deci, 1980）。

一般而言，對於結果的滿足感越強烈，即使是無聊的練習，其練習的動機也會變得強盛。相反地，那種滿足感越低弱時，為著進行練習，越需要有意圖的啟發動機。欲使學習具有動機，希望準備容易的，或有關興趣強度等各式各樣的課題，允許自由選擇。表 7（見 p.189）括號內的例子，是表示已啟發動機而以學習或練習為目的，所準備的活動例子（Lerner, J. W., 1976）。至於選擇這些課題中的那一個，那就聽任學習者的價值觀或喜好。特別是以對於滿足的期待有關的學習的知覺為基礎，而加以選擇的。

2.初步參與授課與個別化授課

　　動機啓發高昂的兒童／學生，傾向於學習比教師所能教的層級更高的事物，亦即能舉一反三。在這個意義上，把參與減至最少的授課型態，就是自我教育(self-teaching)。無需多說，學校不會要求兒童／學生一個人獨自學習，但不受此拘束的日常授課過程中，把必要的參與減至最低限度的原則仍然適用。可以用一端爲學習者主動型，另一端配合以教師支配型而做爲一個次元，藉此可以理解授課過程。參與最少的授課，學習者能自己選擇結果，等於自己在學習。另一方面，教師選擇結果，爲求達到目標有條件的使用的技術時，參與成爲最大。像這種參與程度的差異，源自於結果的選擇，或授課性質，或基礎的不同。一般的學校，教師會選擇大部分的結果，可知所進行的是教師主導型的學習。

　　學習者會隨接受教師主導型的授課程度，產生很大的差異。教師也隨最少參與原理的適用方法，而有不小的差別。因此，爲改善學習障礙所設計的計劃（program）或其特殊課題，隨著授課是否限制性的，能否喚起興趣的，或者是一般的學習計劃（curriculum）能改變到何種程度，認爲其結果會隨程度的不同而有相當不同的差異。

　　然而，授課時想使最少參與原理能適用，卻有幾個問題。特別是班級上的兒童／學生人數較多，或是學習障礙

兒較多，或是教材不適切的場合時，問題便會增加。這樣的狀況，不用多說，自然會增加不少授課上的困難。近年來有一種名叫「餘燼症候群」的流行語，如果拿來形容帶著不願學習的兒童／學生，歷經千辛萬苦的種種努力、疲勞困憊的教師狀態，可說確實妥貼之至。這種狀況，雖能由改變教師和兒童／學生的比率，增加教材的有效性，多少得以改善。可惜，這樣的改善是遲緩的，也有它的界限。

　　個別化授課，在不是最合適的條件下，也被認為是一種有效果的、能促進學習的方法。可是，個別化授課絕非簡單的事情，也不是沒有問題。然而，它不會被認為比現在實行的其他方法較為困難，它似乎還隱藏著令教師和兒童／學生都能滿意的可能性（Adelman & Taylor, 1983）。那麼，授課的個別化，究竟是怎麼一回事呢？首先，教師應認識兒童／學生的動機啟發或發展上的個別差異，並需給予尊重。教師又得努力提供可供選擇的有效教材，務必援助兒童／學生學習上的選擇。諸如此類的意志決定，須重視啟發兒童／學生追求合適的學習活動與結構化的動機。再說，有關適應是否良好的資訊是很有效用的，因而必須進行實踐意志決定後的再檢討。

　　當教師想要試行個別化授課時，教師，還有兒童／學生都要習慣這個方法的特殊的一面。換言之，要經由如下的階段，漸漸轉移至個別化（Adelman & Taylor, 1983）：

a. 準備階段

①詳細說明改變為個別化授課的理由、時期、方法等。

②充分考慮興趣、能力，把學習活動的選擇幅度擴大
　為比過去還要大。

③能否獨立是相對的，教導學習者在必要的場合應尋
　求其他的援助。

④指導成績優良的兒童／學生或志願者（volunteer）
　援助人家的方法，當教師為特定的孩童個別指導時，
　可以援助其他的孩童。

⑤為著評鑑班上同學間的相互援助是否適切的進行，
　應事先練習、操演一番。

⑥提示可供選擇的學習活動，給予選擇的機會。

⑦進行初步的協議。此時，兒童／學生的興趣、可供
　選擇的學習活動、結構化的分量等成為討論對象。
　特別針對教育計劃（program）的決定之際，配合跟
　教師會談的機會，重點放在讓對方能看出價值所在。

　　為著準備適應兒童／學生特殊要求的學習活動，可用
整週時間重複和兒童／學生一再檢討。

b. 促進個人協議，小組與個別化授課的階段

①設置無妨礙的、安靜的場所。

②其他兒童／學生在獨自學習或能利用其他援助的場
　合，要訂定區劃（section）的時間表（schedule）。

③需要作成教師或兒童／學生都可以利用的記錄或資
　訊。

c. 終結轉移階段

①關於學習計劃（預期的結果、方法、作品，必要的
援助或支持等），應徵求各兒童／學生的同意。

②對於學習活動的改善，應確立定期的個別協議的手
續。

③確立在必要的場合實施治療教育的手續。

❋ 第八章 ❋

學習障礙的治療教育

前已述及，改善學習障礙的治療教育，正如前面各章所敘述，被認為是努力促進學習之延長線上的某項手續。為此，導入治療教育之前，務需先要試行非治療教育的教學。因為，為數不少的學習障礙因而可能獲得改善或得以預防之故。然而，既使是這樣，還是有需要施予治療教育的學習障礙兒存在。

面對治療教育的導入，有些問題需要討論，如需要治療教育的基準、特徵、目的、類型等。

第一節

實施治療教育的基準

當要決定有無必要導入治療教育之際，其前提條件就是先要確認，是否合適的曾經實施過像前章所介紹的個別化教學。由於經過此事，就有可能區別是單純的動機啟發的問題，還是真的有障礙。因此，需要檢討下列兩個基準（Adelman & Taylor, 1986）。

a. 第一個基準

對於所有的學科都是消極的。像這樣的學習障礙兒，首先要試著勸誘他做學習活動的選擇，同時讓他經驗一～二週的個別化教學。經此以後，若是仍舊對任何學習活動都毫不關心，就可以假定為存在著重度的動機啟發的障礙。對於像這樣的學習障礙兒，改善的步驟已在第六章論述。

b. 第二個基準

學習效率在 75 ％以下者。在某些學習領域或活動可以選擇的場合，有關所選擇的學習領域或活動，從啓發動機或發展的觀點看來，認為在適切的條件下時，關於學習量或記憶的評鑑，便有其必要性。再說，與此事有關連者，為著確認學習問題，就使用標準參照評鑑法（criterion-referenced measurement）。換言之，學習過的技能或內容，最少在每週做定期的記錄，並判定它是否達到既定的目標。然而，為著判斷多少時間要有多少學習量為適當，這個標準的決定甚為困難。目前一般的觀點認為在特定的學習領域，其學習量在 75 ％以下的場合，就需要治療教育。但是，由於難免有誤差，至少要有兩週的時間，再確認一下是否還會比這個標準低落。同時，為著防止其他判斷的誤差，日常學習成績的檢討，也是不可欠缺的。

一般而言，全部的學習領域都需要全盤性的治療教育的情形不多。因此，盡量讓多數的學習，設法不要用治療教育的方法去改善。這樣的方式才能促進學習，同時又能為治療教育的方法，提供本質性的奠定基礎。

— 第二節 —

治療教育的特徵

以治療教育為目的的方法或教材，一般人都很容易認

為可能和一般教育上所用的方法或教材，有很大的差異。其實，並無本質上的差異。就治療教育而言，也有使用跟一般教育同樣的方法，不僅如此，就是特別針對治療教育而作成的計劃（program）或教材，也未必有例外。換言之，無論是一般的教育還是治療教育，可以說本質上都是依據相同的教學原理為基礎。

那麼，治療教育的特殊性究竟在那裡？為著回答這個疑問，務必辨明：①區別一般教育與治療教育的因素，以及②治療教育上的特殊課題。

一般的教育與治療教育，在以下六個因素上，可以說是有所差異。

a. 適用的順序

當最適切的非治療教育方法，判明無效之後，才開始試行治療教育。

b. 教師的資質與時間

這是最為重要的特徵，治療教育要為學習障礙兒選擇具有進行個別教學的資質的教師，並需要有充裕的時間。尤其，曾受特別訓練的教師，始能扮演重要的角色。況且，治療教育的過程又是試行與評鑑的反覆進行，為著評鑑或理解學習者，所以必須要有足夠的時間。

c. 結果與內容

不僅習得基本的知識或技能而已，還有獲得促進學習所需種種因素，同時必須謀求改善不適切的學習機構，以及妨礙學習的行為和態度。

d. 過程

本質上的教學原理雖無差別，但治療教育特別重視其原理的適用。所以，減少抽象的水準，強化刺激提示法，積極的推展，支持（supportive）或定向（orientation）的分量，或連續性的增大等，全需十分費心注意。

e. 心理學的影響

治療教育容易引起其他的兒童／學生和教師的注目，為此，接受治療教育的兒童／學生，有的場合甚至可以說，具有被蓋上烙印的意味。這是不希望發生的事情，否則如同被看成異類。正由於如此，強烈的擔心治療教育對於學習者的心理，將造成不良的影響。這件事，便成為限制實施治療教育的理由。同時，這項特徵也正是治療教育必須設法讓學習者肯定並接受的緣由。

f. 特殊的課題

治療教育的課題不同於一般的教育，一般的教師對於大眾性的教育，抱有基本上的關心。與此相對的，治療教育的教師，還得弄明白有關教育上的一般性解答，究竟能否適合所有的孩子。假如不能適用時，又得探究需要如何去說明。

治療教育的內容

治療教育的對象，就是成為孩子的問題的條件或領域。因此，所尋求的解答，就要針對機能的特定領域的問題。這樣的問題（或是內容）領域，研究者們指出下列各項；關於這些問題的處理方法，長年以來便議論紛紛。

1.知覺－運動問題

1940 年代至 1950 年代，最受學者研議的課題，正是知覺－運動問題。坦白而言，直到近年來這個問題的改善，在治療教育上幾可說是支配性的。意圖改善知覺－運動問題的教育內容，可舉出下列各項。

①運動的技能與類型。

②知覺（例如：感覺刺激的認知與解釋等。）

③知覺與運動的協調（例如：感覺刺激與反應的機構與協調，以監視 "monitor" 知覺為目的的運動利用等。）

④知覺與運動發展的關連（被視為具有複雜的認知發展。）

這些以改善知覺－運動機能為目的的治療教育，是以

下列所表示的機能做為對象，亦即：

- 邊利性（laterlity）與方向感覺
- 身體特徵（body image）與分化
- 平衡（balance）與姿勢
- 移轉運動
- 全身運動與細部運動的協調
- 視覺調整
- 形象與背景（figure-ground）知覺
- 型態的恒常性
- 空間關係
- 知覺—運動的協調
- 聽覺與視覺的統合
- 觸覺與運動的統合
- 各種感覺間的統合
- 節奏（rhythm）
- 強度、持久性、柔軟性
- 接球與投球
- 其他

等等。試舉具體的一例，進行如下頁圖 18 所示的訓練。同時，關於知覺—運動問題的治療教育方面，請參考亞力士（Ayres, 1972），刻巴特（Kephart, 1971）等人的著作。

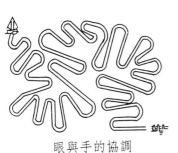

眼與手的協調

(a)在細小平行線中間畫線

形象與背景

(b)從重疊圖形中找出特定
的圖形

型態的恒常性

(c)從重疊的圖形中找出
相同的圖形

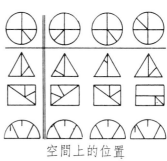

空間上的位置

(d)找出方向已變化的
相同圖形

圖 18　訓練視覺認知的例題（Frostig, M., 1981）

2.語言以及心理語言的問題

強調語言的治療，也是以 1940 年代至 1950 年代為最興盛時期。語言治療的內容，不外是：

- 聽、說、讀、寫
- 作文等技能
- 文法
- 習慣用法
- 語言基礎的資訊處理能力

語言治療的目的，傾向於改善上的技能或能力。換言之，改善各領域有關的技能，例如以下各項都是處理的對象：

- 閱讀能力
- 符號（symbol）與音的結合
- 文字的認知
- 發音
- 理解

同時，各領域相關的基礎能力，如聽覺、視覺、結合、記憶等都成為改善訓練的對象。關於所用方法，在巴恩格（Bangs, 1982）、貝里（Berry, 1980）、哈里斯（Harris & Sipay, 1980）等人的著作中有詳細的介紹。

3.數學問題

　　試著改善數學問題，是最近才有的事。雖然長久以來都受到關心，但是一直到柯樂利（Crawley, et al., 1976），元格魯曼（Englemann & Carnine, 1982）等人的研究報告問世前，還看不到概括性的研究。其一般的內容，採取數學的技能以及有關量的關係方面為著眼點，治療教育就以改善下面所舉的機能為目的。換言之，它包括著：

- 辨別圖形與大小
- 集合與數
- 1對1的對應
- 計數
- 位數
- 圖表（graph）
- 實測
- 金錢的概念
- 時間的概念
- 計算程序（algorism）
- 代數
- 幾何學的關係
- 語言問題
- 記述統計

同時，有關數學能力或技能基礎的知覺—運動、語言，促進認知發展與動機啓發水準的改善等，全合併列爲處理的對象。

4.認知發展的基礎能力問題

隨著近年來認知心理學的發展，對於形成認知發展基礎之諸能力的關心更加高昂。皮亞傑（Piaget, 1952），布魯姆（Bloom, 1964）等人的研究，對於治療教育所應處理的重要因素，提出他們的觀點。有關這些因素的治療教育的內容，有：

- 注意的技能（例：短時間的注意、自發性注意的持續等。）
- 記憶（資訊的護貝"coating"、儲存、檢索等。）
- 概念化的技能（例：知覺到刺激的認知結構、繼起、分類等等的操作等。）

參與是對於以下各項機能進行改善：
- 順從指示
- 暗記
- 對課題的注意
- 短期／長期記憶
- 連續記憶
- 時間、空間的繼續

• 以理解關係為目的的分類

再加上被視為認知發展基礎之動機啟發，或知覺、運動、語言的發展等無不包含在處理之內。譬如，蒙特梭利（Montessori, M.）的觀點和方法，已被治療教育用做治療基本技能之用。簡單說，數學或理科的教學，不再是抽象原理的探討，而要利用具體的教材。

隨著對注意或記錄等問題的關心增加，這些領域，可以說漸漸成為治療教育的中心性課題。其目的在於習得有效果的使用基本能力的方法，並且，讓他學習特定的技能或方略，藉此補償他基本能力的耗損。

5.學習方略與推理能力的問題

學習障礙就是無法有效果的學習的結果，針對這種觀點和立場，相對地認為學習障礙正是由於欠缺一般的學習方略或推理能力的想法隨著抬頭。依據這樣的觀點，考慮學習障礙兒學習的方法，主張有必要學習如何運用已學習的事物。站在這樣的觀點，治療教育的對象就包括下列各項：

• 步調（pace）與時機（timing）的技能
• 思考與發問的技能
• 組織與結構的技能
• 課題解決的技能

如此一來，治療教育就是要設法改善下列各項：

• 閱讀方法
• 現象的記述與判斷的方法
• 現象的分類法
• 假設檢證
• 問題的分析
• 自我監視（self-monitor）與評鑑
• 辨別與一般化的方法
• 視覺的、語言的形象（image）的使用

奧里（Alley & Deshler, 1979）和狄休拉（Deshler, et al., 1984）等人，想把注意的問題引進這個領域，建立關係。其目的在於教導學習障礙兒有效地使用既學的心得、儲存、檢索、資訊等的方法。這種治療教育的結果，對於有平均以上的智能，三年級以上的閱讀能力，對抽象問題也有某種程度的處理能力的孩童，能夠看到其效果。

6.社會的、情緒的問題

起初，主要是知覺－運動，或是語言問題的處理，對於社會的、情緒的問題，可以說直到近年來才漸漸提高關心。關於這個領域的一般性內容，不外是人際關係的機能（interpersonal functioning）以及個人內在的機能（intrapersonal functioning）。其治療教育傾向於下列各方面：

- 自己與他人的意識
- 人際關係技能的獲得
- 同感
- 意志堅定
- 主張
- 個人內在與人際問題的解決

　　焦點對準社會的、情緒的問題之想法，是以下列各項有關的研究為基礎：
- 自我概念
- 不安
- 依賴
- 攻擊
- 畏首畏尾（畏縮）
- 人際知覺、人際關係
- 道德性的發展

　　特別是關於心理療法及行為改變方面的研究，給予強而有力的影響。關於這部分的治療教育，可以參考卡特利吉(Cartledge & Milburn, 1980)等人，或者施狄菲斯(Stephens, 1978）的著作。

7.啓發動機的問題

　　就有效學習而言，啓發動機是本質性的因素，在學習障礙的改善上，當然得把它當做重要的項目。不過，歷來在學習障礙的治療教育中，可以說一直強調外在動機的利用方法。學習障礙與內在動機問題的關係，逐漸引人注目還是最近的事。焦點所集中的此項內容，可舉出下列三項：

- 自我決定感的強化
- 對有能力感或成功的期待的增強
- 對學習的興趣或滿足的增大

　　爲著改善這些內在動機的缺失，可以考慮以下諸點：
①讓他注意到個別的動機與本來的能力。
②讓他學習設定有價值的、適切的目標。
③讓他的選擇，是適切的，可能帶來滿足的。
④讓他能夠接納隨選擇而來的責任。

　　最近心理學上的研究，爲理解學習或學習問題，對於動機啓發的重要性，又重新喚起注意。那是應用到學習障礙的治療教育上，同時其重要性漸漸獲得證實（Adelman & Taylor, 1983；Mc Combs, 1984）。

8.妨礙行為

　　從 1950 年代到 1960 年代，學習障礙不僅指學習問題，也傾向於把過度活動、注意散漫、衝動、行為妨礙包括在內。為此，成為治療教育對象之兒童／學生數激增，治療教育的進展，可以說是無奈的停滯不前。學習問題以外的行為問題，被認為會妨礙學習問題的改善。為此，除去或減輕這些妨礙的行為，被視為治療教育的目標。據此觀點，治療教育的內容，就成為干涉治療教育的行為。

　　因此，設法直接除去這些脫軌行為或妨礙行為，以及以下各方面的強化便成為目標：

- 衝動的控制
- 注意集中
- 順從指示
- 欲求不滿的容忍度

　　為此，被視為和學習障礙相關的妨礙行為，隨其類別的不同，治療教育的目標也不同。譬如，對於因過度活動而被診斷為注意散漫的學習障礙兒，毋需有心理、教育的參與，而推薦採取特別的食物療法等，以避免給予興奮劑或食物上的化學添加物。也有認為這是衝動控制的問題的研究者，便使用行為改變技術，試求改善問題。

治療教育的方法

　　前已述及，治療教育一般都在特別的班級或狀況下進行。可是，針對這種情形，卻存在著贊成與反對的兩種說法。不過，治療教育應在特別班級進行呢？還是應在普通班級試行呢？這些都是衍生的事由，其實寧可談談實際性的問題。首先必須考慮者，就要先儲備具有促進學習的能力、時間、資質的教師。關於此點，也跟一般的教育一樣。只要這個條件在普通班級都能齊備，施行治療教育時，未必需要把學習障礙兒隔離到其他特別的場所。

　　各種特殊的治療教育方法，對於學習問題的性質，無不存在著特別的理論。譬如，為改善特定的學習障礙，採取刺激的單純化或孤立化，或使用謀求多樣感覺的統合等等程序。毋需多說，學習障礙的治療教育理論，其方法的發展上，存在著使用過的理論，或者立場，或者模式（model）。一般而言，這樣的理論是以不適切的學習模擬裝置（machanism）有關的觀點，重視改善感覺的接納度，或意志決定的處理過程，或輸出（output）等的方法。

　　這些治療教育，強調改善妨礙學習的個人內在因素。那是由於這些個人內在因素被視為是資訊處理過程，動機啟發或情緒的問題，選擇性注意的發展遲滯，學習方略的

不當使用等的基礎之緣故。更進一步的說法是治療教育的方法，在能夠有規則的、有系統的使用之前，還不能說是有效果的。譬如，某種方法果真對某個學習障礙兒有改善的場合，可以說該方法對於該問題是妥當的。此時，所使用的方法能看做它改善了基本的問題，也可以認為它支持了有關學習問題原因的假說。

相對的，某種方法對於學習障礙的改善，發揮不出效果時，結論將變成是否沒有適切的使用方法；或者是其問題的原因不同於所假設的？總離不開這二者之一。另一方面，反對這種理論立場的研究者，主張這是由於它的手法以及成為其基礎的理論，欠缺妥當性所顯示的結果。一般而言，在這樣的論爭上，即使在特定的事例（case）獲得有效果的承認，其理由若無確認的方法，同樣會遭到忽視。至於像學習障礙這種問題複雜的場合，研究未必已適切的進行。因此，其研究所包含之變數以外的因素，將會影響研究結果的可能性的確無法完全排除。就算已做了適切的研究，可做其他解釋的可能性也不少。分析有關治療教育的研究結果指出，譬如，認為具有改善處理過程或選擇性注意的缺陷的可能時，同時可看出它也有強化動機啟發的可能，這種情形相當多（Adelman & Taylor, 1986）。

亞雷路曼（Adelman & Taylor, 1986）等人曾試著分析福納魯（Fernald, 1943）的教育方法。福納魯的教育方法是為教導一般年少兒教科書的基本技能而設計的，長年以來一直博得好評，它被稱之為福納魯方式（Fernald Method），或叫做VTKT（視覺、聽覺、運動感覺、觸覺）法。據分析的結果，發現以治療教育為目的所企劃的方法跟一般的教育方法之間，有許多共通之點。因此，跟以特定的治療教育為目標的學習障礙是無關係的，卻在種種問題上可以說有它的效果。譬如，為著知覺—運動協調的訓練所研擬的步驟或計劃（program），在教學上的集中注意、順從指示等技能的改善上，被認為有利用的可能性。此事表示，根據一般的教學原理的分析，可以規劃出治療教育各式各樣的型態。

本來，所有的治療教育是以改善學習障礙，以及其障礙的補償為目標。不過，關於何謂「改善」，何謂「補償」有許多論爭。關於此點，從實用主義（pragmatic）的立場指出，施行任何治療教育也無法期待完全的改善，因此應該試行補償性的途徑（approach）才對。以補償方式援助有障礙的學習者，可以考慮兩種方法。一是順應學習者的不利條件（handicap），變化其要求。另一種是教導他，在必要場合，能夠自己使用的方法。

────── 第五節 ──────

治療教育的階段

正如第六章，圖15（參考 P. 164）所示概要，為著促進學習的心理、教育上的方法，可從水準 A 至水準 C，三

級水準中加以考量。

(1)水準 A（基本的知識、技能、興趣）

　　無論是學校，還是兒童的日常生活，自然會要求許多基本的知識、技能，或興趣。這一切，可以說是在將來的社會生活上不可或缺的。像這樣的基本知識或技能，以讀、寫、算為開始，為解決自己以及人際的問題所需，根本毋需重新指出吧！關於這個水準的治療教育，基本上可施以再教育。不過，並非重踏以前經驗過的失敗方法，也不同於引起學習障礙之教材提供方法，這件事如同提高學習者動機的啟發或發展的適合程度一樣，由於學習活動的改變而成為可能。關於給予良好的影響，其環境因素，正如表6（參考第六章，P.147）所示。

(2)水準 B（水準 A 的機能所必要學習的條件）

　　使尚未習得的技能或能力突顯，設定獲得效果的目標。像這樣的技能或能力，可舉出如表 8 所示各項（Adelman & Taylor, 1986）。讓他習得的方法，與水準 A 的情況一樣。

(3)水準 C（妨礙學習的因素）

　　處理引起學習障礙的因素，其因素包括：資訊處理能力的缺陷，學習方略不適合等，足以顯示其妨礙學習。在這個水準的治療教育，傾向於改善這些缺陷或問題，或者是給予補償。

表 8　習得基本的知識、技能、興趣所必需的因素

（Adelman & Taylor, 1986）

語言	表現：説話；清楚，有説出平易而可理解的話的能力。 理解：能理解他人所説的話的能力。 使用：至少會使用單句，有表達想法和感情的能力。能理解説話和書寫之文章關係的能力。
知覺	依視覺辨別：辨別文字、數、色彩的相異和類似的能力。能了解全體與部分的關係的能力。 依聽覺辨別：辨別文字發音的相異和類似的能力。
認知與動機啟發	對於所教事物的興趣。 順從簡單指示的能力與意願。 為完成簡單的課題，在一定的時間內能坐著的能力與意願。 記憶簡單事物的能力與意願。 能回答簡單故事的問題之能力與意願。 從圖片中創造故事的能力與意願。 集中注意在教材上的能力與意願。 解決簡單課題的能力與意願。 忍受失敗，有執行課題的能力與意願。 從一項活動轉換至他項活動的能力與意願。 連日從事同一課題之連續進行的能力與意願。 坦誠地接受成人的指示之能力與意願。 無人監督下仍能繼續做作業的能力與意願。 適應日常班級作息的能力與意願。 不會做出妨礙他人的行為之能力與意願。

治療教育的延續

　　從認定爲學習障礙開始，直到學習變成容易爲止，務必決定是否延遲其領域的教學。譬如，知覺的發展未達同年齡水準的五歲至八歲前後的孩童，最期望的就是能夠決定是否要延遲。像這樣的做法，就是在更年長的孩童或青年的場合，可以說也同樣需要加以考慮。尤其是對於特定領域的學習，若是動機低下，或是有高度的不安的情形，特別需要加以考慮。在這樣的情形下，能夠強烈要求援助的兒童／學生，始能充分發揮治療教育的效果。

　　一旦決定施行治療教育，就要以第七章所敘述的方法步驟，切實進行。

參考文獻

Adelman, H.S. (1971) : The not so specific learning disability population. *Exceptional children, 8*, 114~120.

Adelman, H.S. & Taylor, L. (1983) : Enhancing motivation for over coming learning and behavior problems. *Journal of Learning Disabilities, 16*, 384~392.

Adelman, H.S. & Taylor, L. (1985) : Fundamental concerns facing the learning disabilities field : A survey looking to the future. *Journal of Learning Disabilities, 18*, 16~23.

Adelman, H.S. & Taylor, L. (1986) : *An introduction to learning disabilities.* Glenview : Illinois : Scott, Foresman & Co.

Alley, G. & Deshler, D.D. (1979) : *Teaching the learning disabled adolescent : Strategies and methods.* Denver : Love Publishing Co.

American Psychiatric Association. (1980) : *Diagnostic and statistical manual of mental disorders* (3rd Ed.). Washington, DC : American Psychiartic Association.

Anastasi, A. (1976) : *Psychological testing.* New York : Macmillan.

Anderson, R. & Freebody, P. (1981) : Vocabulary Knowledge. In J. Guthrie (Ed.), *Comprehension and teaching : Research views.* Newark, DE : International Reading Association.

Arter, J.A. & Jenkins, J.R. (1979) : Differential diagnosis-prescriptive teaching : A critical appraisal. *Review of Educational Research*, 49, 517~555.

Ayres, A.J. (1972) : *Sensory integration and learning disorders.* Los Angeles : Western Psychological Services.

Bandura, A. (1978) : The self system in reciprocal determinism. *American Psychologist, 33*, 344~358.

Bangs, T.E. (1982) : *Language and learning disorders of the preacademic child with curriculum guide.* 2nd ed. Englewood Cliffs, N.J. : Prentice-Hall.

Berman, A. (1981) : Research associating learning disabilities with juvenile delinquency. In J. Gottlieb & S. Strichart (Eds.), *Developmental theory and research in learning disabilities.* Baltimore, MD : University Park Press.

Berry, M. (1980) : *Teaching linguistically handicapped children.* Englewood Cliffs, N.J. : Prentice-Hall.

Blanton, G. (1984) : Social and emotional development of learning disabled children. In W. Cruickshank & J. Kliebhan (Eds.), *Early adolescence to early adulthood : Vol. 5. The best of ACLD.* Syracuse, NY : Syracuse University Press.

Bloom, B.S. Englehart, M.D., Furst, E.J., Hill, W.H., & Krathwohl, D.R. (1956) : *Taxonomy of educational objectives : Handbook I : Cognitive domain.* New York : Mckay.

Bloom, B. (1964) : *Stability and change in human characteristics.* New York : John Wiley & Sons.

Bond, G., Tinker, M., Watson, B., & Watson, J. (1984) : *Reading difficulties : Their diagnosis and correction.* Englewood Cliffs, N.J. : Prentice-Hall.

Brehm, S.S. & Brehm, J.W. (1981) : *Psychological reactance : A theory of freedom and control.* New York : Academic Press.

Brutten, M., Richardson, S., & Mangel, C. (1973) : *Something's wrong with my child.* New York : Harcourt, Brace, Jovanovich.

Bryan, T. & McGrady, H. (1972) : Use of a teacher rating scale. *Journal of Learning Disablities, 5*, 199~208.

Bryan, T., Pearl, R., Donahue, M., Bryan, J., & Pflaum, S. (1983) : The Chicago Institute for the Study of Learning Disabilities. *Exceptional Education Quarterly, 4*(1), 1~23.

Cartledge, G. & Milburn, J.F. (Eds.), (1980) : *Teaching social skill to children* : *Innovative approaches*. New York : Pergamon Press.

Crawley, J.F., Fitzmaurice, A.M., Goodstein, H.A., Lepore, A.V., Sedlak, R., & Althaus, V. (1976) : *Project MATH*. Tulsa, Okla : Educational Development Corporation.

Chalfant, J. & Pysh, J. (1983) : Teacher assistance teams. In C. Collin (Ed.), Keys to success. *Monograph of the Michigan ACLD Conference.* Garden City, MI : Quality Printers.

Chalfant, J., Pysh, M., & Moultrie, R. (1979) : Teacher assistance teams : A model for within-building problem solving. *Learning Disability Quarterly, 2*, 85~96.

Chase, S. (1956) : *Guides to straight thinking*. New York : Harper & Brothers.

Clements, S.D. (1966) : *Minimal brain dyofanction in children* : *Terminology and identification. Phase one of a three-phase project.* NINDS Monograph No.3. U.S. Public Helth Service Publication No.1415. Washington, D. C. : U.S.GPO.

Cone, T. & Wilson, L. (1981) : Quantifying a severe discrepancy : A critical analysis. *Learning Disability Quarterly, 4, 359~372.*

Crawford, D. (1984) : ACLD—R & D Project summary : A study investigating the link between learning disabilities and juvenile delinquency. In W. Cruickshank & J. Kliebhan (Eds.), *Early adolescence to early adulthood* : *Vol. 5. The best of ACLD.* Syracuse, NY : Syracuse University Press.

Cruickshank, W., Bentzen, F., Ratzeburg, F., & Tannhauser, M. (1961) : *A teaching method for brain-injured and hyperactive children.* Syracuse, NY : Syracuse University Press.

Dalby, J.T. (1979) : Deficit or delay : Neuropsychological models of developmental dyslexia. *Journal of Special Education, 13, 239~264.*

Darrow, H.F. & Van Allen, R. (1961) : *Independent activities for creative learning.* New York : Teachers College Press.

Deci, E.L. (1975) : *Intrinsic motivation.* New York : Plenum.

Deshler, D. & Schumaker, J. (1983) : Social skills of learning disabled adolescents : A review of characteristics and intervention. *Topics in Learn-ing and Learning Disabilities,3,* 15～23.

Deshler, D., Schumaker, J., Lenz, B.K., & Ellis, E. (1984) : Academic and cognitive interventions for LD adolescents : Part II. *Journal of Learning Disabilities, 17,* 170～179.

Douglas, V.I. (1972) : Stop, loop, and listen : The problem of sustained attention and impulse control in hyperactive and normal children. *Canadian Journal of Behavior Science, 4,* 259～281.

Dunn, L. (1968) : Special education for the mildly retarded—Is much of it justifiable ? *Exceptional Children, 35,* 5～22.

Dykman, R.A., Ackerman, P.T., Holcomb, P.J., & Boudreav, A.Y. (1983) : Physiological manifestations of learning disability. *Journal of Learning Disabilities, 16,* 46～53.

Elliott, M. (1981) : Quantitative evaluation procedures for learning disabil-ities. *Journal of Learning Disabilities, 14,* 84～87.

Englemann, S. & Bruner, E. (1969) : *Distar reading I and II* : A instruc-tional system. Chicago : Science Research Associates.

Englemann, S. & Carnine, D. (1982) : *Corrective mathematics.* Chicago : Science Research Associates.

Farr, R. (1969) : *Reading : What can be measured ?* Newark, DE : International Reading Association.

Fernald, G.(1943) : *Remedial techniques in basic school subjects.* New York : McGraw-Hill.

フロスティッグ, M. 伊藤隆二他訳 (1981): 『人間尊重の教育』(日本文化科学社)

Frostig, M., Maslow, P., Lefever, D., & Whittlesey, J. (1964) : *The Marian-ne Frostig developmental test of visual perception : 1963 standardization.* Palo Alto, Calif. : Consulting Psychologist Press.

Gagné, R.M. (Ed.), (1967) : *Learning and individual differences.* Colum-bus, Ohio : Merrill Publishing Co.

Gallagher, J. (1966) : Children with developmental imbalances : A psychoeducational view. In W. Cruickshank (Ed.), *The teacher of brain-*

injured children. Syracuse, NY : Syracuse University Press.

Geraldi, R. & Coolidge, P. (1983) : Steps before the referral. *Journal of Learning Disabilities, 16,* 534~536.

Hackett, M.G. (1971) : Criterion reading : *Individualized learning management system.* Westminister, Md. : Random House.

Haight, S. (1984) : Special education teacher consultant : Idealism versus realism. *Exceptional Children, 50,* 507~515.

Hallahan, D. & Sapona, R. (1983) : Self-monitoring of attention and learning disabled childen : Past research and current issues. *Journal of Learning Disabilities, 16,* 616~620.

Hammill, D.D., Goodman, L., & Wiederholt, J.L. (1974) : Visual-motor processes : What success have we had in training them? *The Reading Teacher, 27,* 469~478.

Hammill, D., Leigh, J., McNutt, G., & Larsen, S. (1981) : A new definition of learning disabilities. *Learning Disability Quarterly, 4*(4), 336~342.

Hanna, G., Dyck, N., & Holen, M. (1979) : Objective analysis of achievement-aptitude discrepancies in LD classification. *Learning Disability Quarterly, 2,* 32~38.

Harris, A. (1961,1970) : *How to improve reading ability.* New York : David Mckay.

Harris, A.J. & Sipay, E.R. (1980) : *How to increase reading ability : A guide to developmental and rededial methods.* 7th ed. New York : Longman.

橋本重治 (1959) : 『教育評価法総説』(金子書房)

Hayden, D., Pommer, T., & Mark, D. (1983) : Personal computer applications for the learning disabled : Managing instruction materials, Part I. *Learning Disabilities, 2*(7). New York : Grune & Stratton.

Hayden, D., Vance, B., & Irvin, M. (1982b) : Establishing a special education management system—SEMS. *Journal of Learning Disabilities, 15,* 428~429.

Hayes, M. (1974) : *The turned-in, turned on book about learning problems.* San Rafael, CA : Academic Therapy Publications.

Hewett, F.M. (1968) : *The emotionally disturbed child in the classroom.*

Boston : Allyn & Bacon.

Hewett, F.M. & Taylor, F.D. (1980) : *The emotionally disturbed child in the classroom : The orchestration of success.* 2nd ed. Boston : Allyn & Bacon.

Houck, C. & Sherman, A. (1979) : Mainstreaming current flows two ways. *Academic Therapy, 15,* 133～140.

石田恒好 (1968) :「学級における知能検査の利用」(上武・辰野編『知能の心理学』新光閣)

Jensen, R. (1978) : *Bias in mental testing.* New York : Macmillan.

Joyce, B. & Weil, M. (1980) : *Models of teaching.* 2nd ed. New York : Prentice-Hall.

Kagan, J. (1976, March-April) : Emergent themes in human development. *American Scientist,* 186～196.

金井達蔵 (1967) :「新成就値の意義と利用法」(指導と評価, 13)

Kazdin, A.E. (1984) : *Behavior modification in applied settings.* Homewood, Ill. : Dorsey Press.

Keilitz, I., Zaremba, B., & Broder, P. (1979) : The link between learning disabilities and juvenile delinquency : Some issues and answers. *Learning Disability Quarterly, 2,* 2～11.

Kephart, N.C. (1960) : *The slow learner in the classroom.* Columbus, Ohio : Merrill.

Kibler, R.J., Baker, L.L., & Miles, O.T. (1970) : *Behavior objectives and instruction.* Boston : Allyn & Bacon.

Kinsbourne, M. & Caplan, P. (1979) : *Children's learning and attention problems.* Boston : Little, Brown.

Kirk, S.A. (1962) : *Educating exceptional children.* Boston : Houghton-Mifflin.

Klein, R., Altman, S., Dreizen, K., Friedman, R., & Powers, L. (1981) : Restructuring dysfunctional parental attitudes toward children's learning and behavior in school : Family-oriented psychotherapy. *Journal of Learning Disabilities, 14,* 15～19.

Koestner, R., Ryan, R.M., Bernieri, F., & Holt, K. (1984) : Setting limits on children's behavior : The differential effects of controlling vs. informational styles on intrinsic motivation and creativity. *Journal of Personality, 52,* 242 ~248.

Kronick, D. (1981) : *Social development of learning disabled persons.* San Francisco, CA : Jossey-Bass.

Lennard, H., Epstein, L.J., Bernstein, A., & Ranson, D.C. (1970) : Hazards implicit in prescribing psychoactive drugs. *Science, 169,* 438~441.

Lepper, M.R. & Greene, D. (1978) : *The hidden costs of reward.* Hillsdale, N.T. : Erlbaum Press.

Lerner, J.W. (1976) : *Children with learning disabilities.* 2nd ed. Boston : Hougton-Mifflin.

Lerner, J.W. (1985) : *Learning disabilities : Theories, diagnosis, and teaching strategies.* 4th ed. Boston : Houghton-Mifflin.

Lerner, J. & Schuyler, J. (1974) : Computer simulation : A method for training educational diagnosticians. *Journal of Learning Disabilities, 7,* 471 ~478.

Lieberman, L. (1982) : Special educator's safety net. *Journal of Learning Disabilities, 15,* 439~440.

Lindsley, O. R. (1964) : Direct measurment and prothesis of retarded behavior. *Journal of Education, 147,* 62~81.

Lovitt, T. (1975) : Applied behavior analysis and learning disabilities—Part I. *Journal of Learning Disabilities, 8,* 432~443.

Lovitt, T. (1975) : Applied behavior analysis and learning disabilities—Part II : Specific research recommendations and suggestions for practitioners. *Journal of Learning Disabilities, 8,* 504~518.

McCombs, B.L. (1984) : Processes and skills underlying continuing intrinsic motivation to learn : Toward a definition of motivational skills training interventions. *Educational Psychologist, 19,* 194~218.

McKinney, J. (1984) : The search for subtypes of specific learning disability. *Journal of Learning Disabilities, 17,* 43~50.

McLeod, J. (1979) : Educational underachievement : Toward a defensible psychometric definition. *Journal of Learning Disabilities, 12,* 322~330.

Means, R.K. (1968) : *Methodology in education.* Columbus, Ohio : Merrill.

Meichenbaum, D. (1977) : *Cognitive behavior modification*. New York : Plenum.

Meiyen, E.L. (1976) : *Instructional based appraisal system*. Bellevue, Wash. : Edmark Associates.

Miller,A. (1981) : Conceptual matching models and interactional research in education. *Review of Educational Research, 51,* 33~84.

Minick, B. & School, B. (1982) : The IEP process : Can computers help? *Academic Therapy, 18,* 141~148.

Moran, M. (1978) : *Assessment of the exceptional learner in the regular classroom*. Denver, CO : Love.

Myklebust, H. (1968) : Learning disabilities : Definitions and overview. In H. Myklebust (Ed), *Progress in learning disabilities* (Vol.1). New York : Grune & Stratton.

Newcomer, P. (1982) : Competencies for professionals in learning disabilities. *Learning Disability Quarterly, 6,* 241~252.

Patten, B. (1973) : Visually mediating thinking : A report of the case of Albert Einstein. *Journal of Learning Disabilities, 6,* 415~420.

Piaget, J. (1952) : *The origins of intelligence in children*. (M. Cook, Trans.). New York : International University Press. (Original work published 1936).

Reynolds, L., Egan, R., & Lerner, J. (1983) : The efficacy of early intervention on preacademic deficits : Review of the literature. *Topics in Early Childhood Special Education, 3,* 47~76.

Richek, M., List, L., & Lerner, J. (1983) : *Reading problems : Diagnosis and remediation*. Englewood Cliffs, NJ : Prentice-Hall.

Roswell, F. & Natchez, G. (1971) : *Reading disability : Diagnosis and treatment*. New York : Basic Books.

Ryan, D. (1984) : Mainstreaming isn't just for students anymore. *Journal of Learning Disabilities, 17,* 167~169.

Salend, S. & Lutz, G. (1984) : Mainstreaming or mainlining : A competency based approach to mainstreaming. *Journal of Learning Disabilities, 17,* 27~29.

Salvia, J. & Ysseldyke, J. (1981) : *Assessment in special and remedial education.* Boston : Houghton-Mifflin.

サーヴェージ，R.D.斉藤浩子訳 (1975)：『児童の精神測定』（岩崎学術出版社）

Schrag, R. & Divoky, D. (1975) : *The myth of the hyperactive child and other means of child control.* New York : Pantheon Books.

Schumaker, J., Deshler, D., & Denton, P. (1984) : An integrated system for providing content to learning disabled adolescents using an audio-tape format. In J. Cruickshank & J. Kleibhan (Eds.), *Early adolescence to early childhood : Vol. 5. The best of ACLD.* Syracuse, NY : Syracuse University Press.

Schwartz,L. (1984) : *Exceptional students in the mainstream.* Belmont, CA : Wadsworth.

Shaywitz, S.E., Schnell, C., Shaywitz, B.A., & Towle, V.R. (1986) : Yale children's Inventory (YCI) : An instrument to assess children with attentional deficits and learning disabilities I. Scale development and psychometric properties. *Journal of Abnormal child Psychology, 14,* 347~364.

Shepard, L. (1980) : An evaluation of the regression discrepancy method for identifying children with learning disabilities. *Journal of Special Education, 14* (1),79~80.

Sieben, R.L. (1977) : Controversial medical treatments of learning disabilities. *Academic Therapy, 13,* 133~148.

Silver, L. (1983) : Therapeutic interventions with learning disabled students and their families. *Topics in Learning and Learning Disabilties, 3,* 48~58.

Smith, C. (1983) : *Learning disabilities : The interaction of learner, task, and setting.* Boston : Little, Brown.

Smith, S.D. (1980) : *No easy answers : The learning disabled child at home and at school.* New York : Bantam Books.

Smith, S.D. & Pennington, B.F. (1983) : Genetic influences on learning disabilities I : Clinical genetics. *Learning Disabilities, 2,* 31~42.

Stephens, T.M. (1977) : *Teaching skills to children with learning and behavior disorders.* Columbus, Ohio : Merrill.

Stephens, T.M. (1978) : *Social skills in the classroom.* Columbus, Ohio : Cedars Press.

Stinson, M. (1984)：Research on motivation in educational settings：Implications for hearing-impaired students. *Journal of Special Education, 18*, 177～198.

Strauss, A.A. (1943)：Diagnosis and education of the cripple-brained, deficient child. *Journal of Exceptional Children, 9*, 163～168.

ストラウス，A.A.&レチーネン，L.E.伊藤・角本訳（1979）：『脳障害児の精神病理と教育』（福村出版）

Thompson, L. (1971)：Language disabilities in men of eminence. *Journal of Learning Disabilities, 4*, 34～45.

Thurlow, M. & Ysseldyke, J. (1979)：Current assessment and decision-making practices in model LD programs. *Learning Disability Quarterly, 2*, 15～24.

高野清純（1973）：『成功経験の心理学』（金子書房）

高野清純（1973）：「観察・面接」（辰見敏男編『教育評価法』協同出版）

田中良久（1973）：「尺度構成」（『心理学研究法16』東大出版）

辰野千寿・高野清純・加藤隆勝・福沢周亮編（1986）：『教育心理学辞典』（教育出版）

Thompson, L. (1971)：Language disabilities in men of eminence. *Journal of Learning Disabilities, 4*, 34～45.

Thurlow, M. & Ysseldyke, J. (1979)：Current assessment and decision-making practices in model LD programs. *Learning Disability Quarterly, 2*, 15～24.

時実利彦（1962）：『脳の話』（岩波書店）

続有恒・苧阪良二編（1974）：「観察」（『心理学研究法10』東大出版会）

U.S. Office of Education. (1977, August 23)：*Education of handicapped children*. Implementation of Part B of the Education for Handicapped Act. Federal Register, Part II. Washington, DC：U.S. Department of Health, Education, and Welfare.

Vance, B. & Hayden, D. (1982)：Use of microcomputer and management assessment data. *Journal of Learning Disabilities, 15*, 496～498.

Weiner, B.A. (1979)：A theory of motivation for some classroom experiences. *Journal of Educational Psychology, 71*, 3～25.

Weiner, B.A. (1980) : *Human motivation.* New York : Holt, Reinhart & Winston.

Wender, P.H. (1976) : Hypothesis for possible biochemical basis of minimal brain dysfunction. In R.M. Knights & D.J. Bakker (Eds.), *The neuropsychology of learning disorders : Theoretical approaches.* Baltimore : University Park Press.

Wiederholt, J., Hammill, D., & Brown, V. (1983) : *The Resource Teacher.* Austin, TX : Pro-Ed.

Wiens, J. (1983) : Metacognition and the adolescent passive learner. *Journal of Learning Disabilities, 16*, 144~149.

Ysseldyke, J. (1983) : Current practices in making psychological decisions about learning disabled students. In G. Senf & J. Torgesen (Eds.), *Annual Review of Learning Disabilities, Vol. 1. A Journal of Learning Disabilities Reader.* Chicago, II, : Professional Press.

永然法律事務所聲明啟事

　　本法律事務所受心理出版社之委任爲常年法律顧問，就其所出版之系列著作物，代表聲明均係受合法權益之保障，他人若未經該出版社之同意，逕以不法行爲侵害著作權者，本所當依法追究，俾維護其權益，特此聲明。

　　　　　　　永然法律事務所　

　　　　　　　李永然律師

障礙教育 14

學習障礙

原 作 者：高野清純
校 閱 者：柯平順
譯　　者：陳瑞郎
執行編輯：陳文玲
執行主編：張毓如
總 編 輯：吳道愉
發 行 人：邱維城
出 版 者：心理出版社股份有限公司
社　　址：台北市和平東路二段 163 號 4 樓
總　　機：(02) 27069505
傳　　眞：(02) 23254014
郵　　撥：19293172
 E-mail　：psychoco@ms15.hinet.net
網　　址：www.psy.com.tw
駐美代表：Lisa Wu
　Tel　：973 546-5845　　Fax　：973 546-7651
法律顧問：李永然
登 記 證：局版北市業字第 1372 號
印 刷 者：翔勝印刷有限公司
初版一刷：1997 年 5 月
初版二刷：2001 年 4 月

定價：新台幣 250 元

ISBN 957-702-226-X

國家圖書館出版品預行編目資料

學習障礙/ 高野清純著. ；陳瑞郎譯. -- 初版.
--臺北市：心理，1997（民 86）
　面；　　公分.--（特殊教育系列；29）
　ISBN 957-702-226- X　　（平裝）

1.學習障礙—教育

529.6　　　　　　　　　　　86005515

讀者意見回函卡

No._____   填寫日期： 年　月　日

感謝您購買本公司出版品。為提升我們的服務品質，請惠填以下資料寄回本社【或傳真(02)2325-4014】提供我們出書、修訂及辦活動之參考。您將不定期收到本公司最新出版及活動訊息。謝謝您！

姓名：_____　性別：1□男 2□女

職業：1□教師 2□學生 3□上班族 4□家庭主婦 5□自由業 6□其他_____

學歷：1□博士 2□碩士 3□大學 4□專科 5□高中 6□國中 7□國中以下

服務單位：_____ 部門：_____ 職稱：_____

服務地址：_____ 電話：_____ 傳真：_____

住家地址：_____ 電話：_____ 傳真：_____

電子郵件地址：_____

書名：_____

一、您認為本書的優點：（可複選）

❶□內容 ❷□文筆 ❸□校對 ❹□編排 ❺□封面 ❻□其他_____

二、您認為本書需再加強的地方：（可複選）

❶□內容 ❷□文筆 ❸□校對 ❹□編排 ❺□封面 ❻□其他_____

三、您購買本書的消息來源：（請單選）

❶□本公司 ❷□逛書局⇨_____書局 ❸□老師或親友介紹

❹□書展⇨____書展 ❺□心理心雜誌 ❻□書評 ❼□其他_____

四、您希望我們舉辦何種活動：（可複選）

❶□作者演講 ❷□研習會 ❸□研討會 ❹□書展 ❺□其他_____

五、您購買本書的原因：（可複選）

❶□對主題感興趣 ❷□上課教材⇨課程名稱_____

❸□舉辦活動 ❹□其他_____　　　　　　（請翻頁繼續）

心理出版社 股份有限公司

台北市 106 和平東路二段 163 號 4 樓

TEL:(02)2706-9505
FAX:(02)2325-4014
EMAIL:psychoco@ms15.hinet.net

沿線對折訂好後寄回

六、您希望我們多出版何種類型的書籍

❶□心理❷□輔導❸□教育❹□社工❺□測驗❻□其他

七、如果您是老師，是否有撰寫教科書的計劃：□有□無

書名/課程：＿＿＿＿＿＿＿＿＿＿＿＿＿＿＿＿＿＿

八、您教授/修習的課程：

上學期：＿＿＿＿＿＿＿＿＿＿＿＿＿＿＿＿＿＿＿

下學期：＿＿＿＿＿＿＿＿＿＿＿＿＿＿＿＿＿＿＿

進修班：＿＿＿＿＿＿＿＿＿＿＿＿＿＿＿＿＿＿＿

暑　假：＿＿＿＿＿＿＿＿＿＿＿＿＿＿＿＿＿＿＿

寒　假：＿＿＿＿＿＿＿＿＿＿＿＿＿＿＿＿＿＿＿

學分班：＿＿＿＿＿＿＿＿＿＿＿＿＿＿＿＿＿＿＿

九、您的其他意見

謝謝您的指教！　　　　　　　　　　　　63014